나만을 위한 쉽고 맛있는 요리를
시작해볼까요?

레시피팩토리는 행복 레시피를
만드는 감성 공작소입니다.
레시피팩토리는 모호함으로 가득한
세상 속에서 당신의 작은 행복을 위한
간결한 레시피가 되겠습니다.

혼밥
혼술 을 위한 아주 간단한 레시피

〈혼밥 혼술을 위한 아주 간단한 레시피〉
200% 활용법

열 반찬 부럽지 않은 푸짐한 일품 반찬 & 찌개!

여러가지 반찬 대신 따뜻하고 푸짐한 일품 반찬만 있으면
간단하게 한 끼를 즐길 수 있죠. 1인분만 만들어 남는 것도 없고,
설거지도 최소화로 할 수 있어 좋답니다.
덮밥, 비빔밥, 볶음밥 등으로 응용할 수도 있지요.

집에서 이렇게 만들어 먹는다!
폼 나는 SNS용 브런치 사진은 덤~

약속 없는 주말, 밥 말고 다른 메뉴가 생각난다면?
맛을 물론, 사진발 잘 받는 브런치 메뉴를 만들어보세요.
샐러드, 샌드위치, 파스타, 국수 등
다양한 별미 레시피로 요리 솜씨도 뽐낼 수 있지요.

술 한 잔의 위로, 친구 같은 맛있는 안주!

퇴근 후, 늦은 주말 저녁, 혼자 마시는 술 한 잔의 위로가 필요할 때!
곁들이면 좋은 간단한 안주를 소개합니다.
술 마신 다음날 마시기 좋은 담백한 해장국도 꼭 챙겨보세요.

Contents

chapter 1

다른 반찬이 필요 없는 푸짐한 일품 반찬 & 찌개

chapter 2

주말에 즐기기 좋은
폼 나는 브런치와 별식

chapter 3

혼술에 곁들이기 좋은
참 쉬운 술안주

● 하루 전 저녁이나 아침에 만들어 **도시락으로 준비하면 좋은 메뉴**

♥ 넉넉하게 만들어두면 좋은 **1주일 보관 가능 메뉴**

"
작은 주방, 최소한의 도구, 적은 양념과 재료로
나만을 위한 맛있는 요리를 시작해보세요!
"

혼밥·혼술족을 위한
요리 기본 가이드

스푼 & 컵 계량 가이드

언제 만들어도 맛있게 요리하려면 정확한 계량이 필수랍니다.
계량스푼과 계량컵이 없다면 밥숟가락과 종이컵으로도 계량이 가능해요!

계량스푼

1큰술(1TS) = 15㎖
= 밥숟가락 약 1과 1/2큰술

1작은술(1ts) = 5㎖
= 밥숟가락 약 1/2큰술

밥숟가락 1큰술 = 10㎖

계량컵

1컵(C) = 200㎖ = 종이컵 1컵

전자 저울

가장 쉽게 계량할 수 있는 전자 저울
가정용 2kg 추천

1큰술(액체류)
가득 담기

1컵(액체류)
가득 담기

1/2큰술
가운데 선까지 담기

1컵(가루류)
가득 담아 윗면 깎기

1큰술
(가루류 & 장류)
가득 담아 윗면 깎기

1컵(장류)
꾹꾹 담아 윗면 깎기

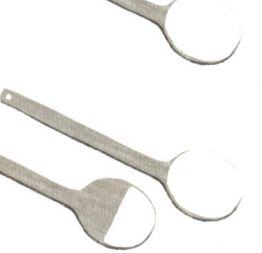

1과 1/2큰술
= 1큰술 + 1/2큰술

1컵(알갱이류)
가득 담아 윗면 깎기

손대중 & 눈대중 가이드

저울 없이도 손대중과 눈대중으로 대략적인 중량을 가늠할 수 있어요.
책 속에 가장 많이 등장하는 재료의 분량을 확인하세요!

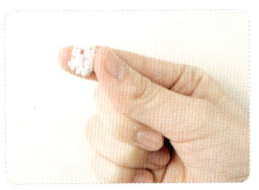

소금 약간
(1/5작은술 이하)

후춧가루 약간
(가볍게 두 번가량 턴 분량)

소면 1줌(70g)

스파게티 1줌(80g)

시금치 1줌(50g)

어린잎 채소 1줌(20g)

배추김치 1컵(150g)

콩나물·숙주 1줌(50g)

기본 채소 중량
- 가지 1개(150g)
- 감자 1개(200g)
- 고구마 1개(200g)
- 고추 1개(10g)
- 단호박 1개(800g)
- 당근 1개(200g)
- 브로콜리 1개(300g)
- 양파 1개(200g)
- 애호박 1개(270g)
- 오이 1개(200g)
- 파프리카 1개(200g)
- 피망 1개(100g)

버섯 중량
- 느타리버섯 1줌(50g)
- 미니 새송이버섯 1개(10g)
- 새송이버섯 1개(80g)
- 양송이버섯 1개(20g)
- 팽이버섯 1줌(50g)
- 표고버섯 1개(25g)

잎 채소 중량
- 겨자잎 1장(10g)
- 깻잎 1장(5g)
- 상추 1장(10g)
- 양상추 1장(손바닥 크기, 15g)
- 로메인 1장(5g)
- 치커리 1장(5g)

재료별 보관 가이드

먹고 남은 재료를 냉장고에서 가장 싱싱하게 보관할 수 있는 방법을 알려드려요.
냉장고 속 보관 기간도 참고하세요!

채소보관·냉장

느타리·양송이버섯
신문지나 키친타월로 싼 후
지퍼백에 담아
냉장실 채소 칸에 보관한다.
3~4일 보관 가능하다.

표고버섯
주름이 위로 향하도록 거꾸로
세워 밀폐 용기에 담고 랩을 씌워
냉장실 채소 칸에 보관한다.
3~4일 보관 가능하다.

상추나 깻잎, 시금치 등 잎채소
씻지 말고 신문지나
키친타월에 싸서 지퍼백이나
위생팩에 넣어 냉장 보관한다.
1주일 보관 가능하다.

콩나물과 숙주
밀폐 용기에 담고 물을 부어
냉장실 채소 칸에 보관한다.
2~3일에 한 번씩 물을 갈아주면
10일 정도 보관 가능하다.

고추
물기가 있으면 금방
물러지니 꼭 물기를 제거한다.
꼭지를 떼지 않은 채 위생팩에
담아 냉장실 채소 칸에 보관한다.
7~10일 보관 가능하고,
송송 썰어 냉동 보관도 가능하다.

대파
긴 밀폐 용기에 키친타월을 깔고
길이에 맞춰 썬 후 차곡차곡 담아
보관한다. 냉장실에서 2주일
보관 가능하고, 송송 썰어
냉동 보관도 가능하다.

오이
키친타월로 감싸 랩으로 싸고 꼭지째 보관한다.

애호박, 가지, 피망, 파프리카
잘린 단면에서 수분이 증발되니 단면을 랩으로 밀착해 싸서
위생팩에 담아 냉장실 채소 칸에 보관한다. 3~5일 보관 가능하다.

채소보관·냉동

재료 손질

싱싱한 상태에서 냉동할 것.
바로 조리할 수 있도록 씻은 후
먹기 좋은 크기로 썬다.
나물과 같이 데치거나 삶아서
냉동할 재료는 물기를 제거하고,
조리한 제품은 완전히 식힌다.

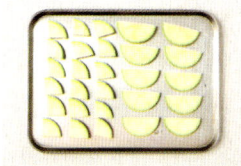

급속 냉동

열전도율이 높은 금속 쟁반 위에
재료가 서로 붙지 않도록 펼쳐
담은 후 랩을 씌워 급속 냉동한다.
빨리 냉동시킨 후 지퍼백이나
밀폐 용기에 1회분씩 나눠 담아
보관한다.

보관일 기록

보관 시작일과 내용물을 기록해
되도록 한 달 이내에 먹도록 한다.

가공품 보관

두부

밀폐 용기에 담고 두부가
2/3정도 잠기도록 생수를 부어
냉장 보관한다. 바로 사용하지
않을 경우 매일 새로운 물로
갈아주면 신선도를 오래
유지할 수 있다. 2주일 정도
보관이 가능하다.

가공육

소시지나 베이컨 등은
한 개씩 랩으로 감싼 후
지퍼백에 담아 냉동 보관한다.
냉장실에서 1시간 정도 해동한
후 사용하거나, 전자레인지에서
30초~1분간 해동해
팬에 올려 약한 불로 굽는다.

통조림 제품

통조림 참치, 골뱅이 등은
먹고 남으면 밀폐 용기로 옮긴 후
냉장 보관하고 최대한
빨리 먹는다.

육류 보관

삼겹살
한 줄씩 랩으로 싸서 냉동한다.
해동 후 그대로 구워 먹거나 잘라서
김치찌개 등에 넣는다.
돼지고기 목살은 한입 크기로 썰어
한 번에 먹을 분량씩 지퍼백에 담아
냉동 보관한다. 먹기 전날 냉장실로
옮겨 해동한 후 김치찌개나 볶음
반찬으로 활용한다.

국거리용 돼지고기나 쇠고기
찌개나 국에 한 번 넣을 만한
분량씩 나눠 랩으로 싼 후
냉동한다. 완전히 얼면
지퍼백에 담아 보관한다.
먹기 전날 냉장실로 옮겨 해동한
후 된장찌개나 국 등을 끓일 때
바로 사용한다.

구이용 돼지고기나 쇠고기
한 덩어리씩 지퍼백에 담아
냉동 보관한다.
먹기 전날 냉장실로 옮겨
해동한 후 사용한다.

해산물 보관

오징어
껍질과 내장, 뼈를 제거한 후
1.5cm 두께로 썬다. 한 번에 먹을
분량씩 지퍼백에 담아 냉동한다.
별다른 해동 없이 오징어국을
끓이거나 냉장실에서 자연
해동해 전이나 볶음 등으로
활용한다.

냉동 생새우살
언 채로 보관하고 해동할 때는
찬물에 10분간 담갔다가
흐르는 물에 헹궈 체에 밭쳐
사용한다.

생선
내장과 지느러미를 제거하고
깨끗이 씻은 후 키친타월로
물기를 제거하고 소금을 뿌려
밀폐 용기나 지퍼백에 담아
냉장고 신선실에 보관한다.
2일 정도 보관이 가능하다.

알아두세요! 급속 냉동이나 보관을 할 때 표면을 랩이나 위생팩으로 잘 싸지 않으면 식품의 표면이 건조해지고
맛과 풍미가 떨어져요. 최대한 밀봉하여 냉동 보관하는 것이 좋아요. 수분이 많은 샐러드 채소, 달걀, 마요네즈,
두부 등은 냉동을 할 경우 식품이 변질되거나 식감이 나빠지니 냉동 보관은 피하세요.

견과류 보관

모든 견과류
밀폐 용기나 지퍼백에 담아
공기를 차단해 냉장실에서
보관한다. 냉장고의 냄새를
흡수하므로 보관 용기를 랩으로
꼼꼼히 싼다.

먹기 전 볶기
먹기 전 달군 팬에 올려
약한 불에서 1~2분간 볶은 후
사용하면 눅눅한 냄새를
제거할 수 있고, 더욱 고소하게
즐길 수 있다.

3가지 해동법

자연 해동
하루 전날 냉장실에 재료 넣어
해동한다. 물이 생길 수 있으니
접시나 쟁반을 밭쳐둘 것.
실온 해동시 빛이 들지 않는
곳에서 3~4시간 정도 둔다.
여름에는 상할 수 있으니
실온에서 해동하지 않는다.

전자레인지 해동
빠른 해동이 가능하나 오래
가열하면 조리가 될 수 있으니
시간 조절에 유의해야 한다.
국물 요리나 완조리된 식품은
전자레인지에서 해동과 동시에
바로 조리해 먹는다.

물에 담가 해동
전자레인지가 없을 때 급히
해동을 하려면 지퍼백째
물에 담가 해동한다. 이때
지퍼백 안으로 물이 들어가지
않도록 주의한다.

알아두세요! 한 번 해동한 식품은 다시 냉동하지 않는 것이 좋아요. 해동을 할 때 수분이 빠져나와 다시 냉동하면
식감이 떨어지고 변질될 수 있기 때문이죠. 또한 해동 후에는 되도록 빠른 시간 내에 조리하거나 섭취하세요.
해동한 식품을 실온에 오래 두면 미생물 증식이 빨라져 쉽게 상하니 바로 조리하지 않을 경우에는 냉장실에서
보관하는 것이 좋아요.

다시마. 멸치　　떡볶이떡　　다진 마늘

고추　　브로콜리　　애호박

고구마　　피망. 파프리카　　대 파

자투리 재료 냉동 & 해동 & 조리

작은 사이즈의 지퍼백을 구입하면 소량의 제품을 냉동 보관하기 좋아요.
냉동 보관시 날짜를 기입해두면 보관 기간을 체크하기 편리합니다.

다시마 & 멸치

밑국물 2컵(400㎖)을 만들 수 있는
국물용 멸치 20마리, 다시마 5×5cm
2장씩 작은 지퍼백에 담아
냉동 보관한다. 국물을 낼 때
물 3컵(600㎖)에 넣고 끓이면 편하다.

떡볶이 떡

한 번에 먹을 양만큼 랩이나
지퍼백에 담아 냉동 보관한다.
실온에 30분간 두거나,
찬물에 10~20분간 담가 해동해
달라붙어 있는 떡들을 떼어낸다.

다진 마늘

랩을 깐 얼음 틀에 1작은술씩
채워 넣고 다시 랩으로 덮어 냉동한다.
완전히 얼면 지퍼백에 옮겨 담아
냉동 보관한다. 찌개나 국을 끓일 때
한 개씩 꺼내어 사용하기 편리하다.

고추

0.5cm 두께로 송송 썬 후 냉동한다.
청고추, 홍고추를 나누어
미니 지퍼백에 담거나 작은
밀폐 용기에 보관하여 용도에 맞게
사용한다. 국물 요리나 조림에
바로 넣어 사용한다.

브로콜리

한입 크기로 썬 후 끓는 물에
소금을 조금 넣고 30초간 데친다.
찬물에 헹궈 물기를 꼭 짠 후 급속
냉동하여 지퍼백에 담아 냉동
보관한다.

애호박

0.7cm 두께의 반달 모양으로 썰어
금속 쟁반에 펼쳐 급속 냉동한 뒤
지퍼백에 담아 냉동한다. 해동되면서
수분이 많이 빠져나가 흐물거리기
때문에 반찬보다는 찌개의 부재료로
사용하는 것이 좋다.

고구마

껍질째 또는 필러로 껍질을
벗긴 후 1~2cm 두께로 썬다.
찌거나 삶되 가운데 부분이 서걱거릴
정도로 70%정도만 익힌다.
금속 쟁반에 올려 급속 냉동한 후
지퍼백에 담아 냉동 보관한다. 별도의
해동 없이 카레나 닭볶음탕 등을
만들 때 마지막에 넣으면 좋다.

피망 & 파프리카

채 썰어 금속 쟁반에 올려
급속 냉동한 후 지퍼백에 옮겨 담아
냉동 보관한다. 해동 없이
볶음 요리에 바로 넣으면 된다.
냉장실에서 해동해 생으로 먹을 수
있지만 식감이 떨어지므로
조리해서 먹는 것이 좋다.

대파

송송 썰어 밀폐 용기나
지퍼백에 담아 냉동 보관한다.
찌개나 국에 바로 넣어
사용할 수 있다.

키 위

오 렌 지

양 배 추

당 근

시 금 치

방 울 토 마 토

오 이

양 파

버 섯

키위 & 오렌지 등의 과일

껍질을 벗기고 먹기 좋은 크기로 썰어
지퍼백에 담아 급속 냉동한다.
별다른 해동 없이 귤이나 바나나 등의 다른 과일,
요구르트 등과 함께 갈아 음료로 활용한다.

양배추

먹기 좋은 크기로 썰어 지퍼백에 담아
냉동 보관한다. 해동 없이 볶음 요리의
부재료로 넣거나 끓는 물에 살짝 데쳐
나물 반찬으로 활용한다.

당근이나 감자

당근은 0.5cm 반달 또는
부채꼴 모양으로, 감자는 껍질을
벗기고 1cm 두께로 썰어
금속 쟁반에 펼쳐 급속 냉동한 뒤
지퍼백 또는 밀폐 용기에 담아
냉동한다. 해동 없이 국이나 조림,
카레 등에 사용하면 좋다.

시금치나 콩나물

손질한 후 끓는 물에 데친 뒤
물기를 꼭 짜고 지퍼백에 1인분씩
나눠 냉동한다. 멸치 국물에
양념을 넣고 한소끔 끓인 후
마지막으로 냉동 시금치나 콩나물을
넣고 1~2분 더 끓이면
손쉽게 국을 만들 수 있다.

방울토마토나 토마토

꼭지를 제거하고 깨끗이 씻어
지퍼백에 담아 냉동 보관한다.
실온에서 30분간 해동 후
믹서에 갈아 스무디로 마시거나
토마토소스를 만들 때 활용한다.

오이

1~2cm 두께로 썬 다음
소금에 5분간 절인 후 물기를 짠다.
한 번에 먹을 분량씩 나눠 지퍼백에
담아 냉동 보관한다. 냉장실에서
1시간 정도 해동한 후 물기를 꼭 짜서
무침이나 샐러드로 활용한다.

양파

채 썰거나 모양대로 썰어
금속 쟁반에 올려 급속 냉동한 후
지퍼백에 담아 냉동 보관한다.
별다른 해동 없이 볶음이나 부침,
조림, 국물 요리, 카레를 만들 때
사용한다.

버섯

먹기 좋은 크기로 썰어 지퍼백에 담아
냉동 보관한다. 별도의 해동 없이
밥을 지을 때 같이 넣거나,
양념과 함께 조려 반찬을 만든다.
찌개나 국을 끓일 때는 해동 없이
마지막에 넣어 1~2분간 끓인다.

한 그릇 식사로 딱!
1+1 응용 메뉴로 즐기기

chapter 1에 소개된 일품 반찬과 찌개는 볶음밥, 볶음면, 덮밥, 비빔밥, 주먹밥 등
다양한 한 그릇 요리로 응용할 수 있어요.
간단한 양념과 재료만 더해서 새롭게 즐길 수 있답니다.

★ 각 메뉴별 자세한 응용 방법은 58~61쪽에서 확인하세요.

레시피 하단에서
아이콘을 찾아 보세요!

1+1
Recipe

" 버섯 대파 고추장볶음에
달걀프라이를 곁들이면
버섯 대파비빔밥 완성! "

chapter
1

다른 반찬이 필요 없는
푸짐한 일품 반찬 & 찌개

⏱ 10~15분 | 1인분 | 133kcal

- 두부 1/2모(작은 팩, 100g)
- 쌈 채소 3~4장
  (상추, 깻잎 등, 25g)
- 소금 약간
- 식용유 1작은술

양념
- 식초 1/2큰술
- 설탕 1/2작은술
- 고춧가루 1작은술
- 다진 마늘 1/2작은술
- 양조간장 1작은술

구운 두부 채소무침

1+1 Recipe 두부 채소비빔밥으로 응용하기 58쪽

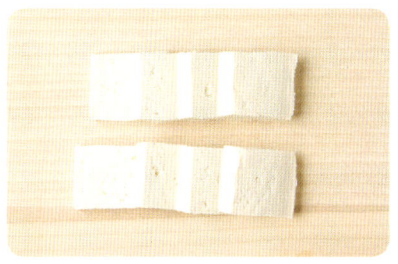

1
두부는 반을 썬 후 1cm 두께로 썬다.

2
두부를 키친타월에 올리고 소금을 뿌려
5분간 절인 후 키친타월로 물기를 제거한다.
☑ 두부에 소금을 뿌리면 물기도 빠지고
　 더 단단해져 굽기 편해진답니다.

3
쌈 채소는 한입 크기로 썰거나 뜯은 후
체에 밭쳐 씻고 그대로 물기를 뺀다.

4
큰 볼에 양념 재료를 넣어 섞는다.

5
달군 팬에 식용유를 두르고 두부를 올려
중간 불에서 앞뒤로 각각 1분 30초씩 구운 다음
키친타월에 올려 기름기를 뺀다.

6
④의 볼에 쌈 채소를 넣고 섞은 후
두부를 넣고 가볍게 버무린다.

마파소스 채소볶음

⏱ 15~20분 | 1인분 | 449kcal

- 다진 돼지고기 100g
- 애호박 1/4개(또는 가지
  1/2개, 70g)
- 마늘 2쪽
- 대파 15cm
- 홍고추 1/2개
- 식용유 1큰술
- 청주 1큰술
- 후춧가루 약간
- 소금 약간

마파소스
- 고춧가루 1과 1/2큰술
- 물 3큰술
- 설탕 1작은술
- 양조간장 1작은술
- 고추장 1작은술
- 된장 1작은술

1+1
Recipe
마파소스 채소덮밥으로 응용하기 58쪽

1

애호박은 길게 반을 썬 후 0.5cm 두께로 썬다.
마늘은 편으로 썰고, 대파와 홍고추는 송송 썬다.

2

볼에 마파소스 재료를 넣어 섞는다.

3

달군 팬에 식용유를 두르고 마늘, 대파, 홍고추를
넣어 약한 불에서 30초간 볶는다.

4

다진 돼지고기, 청주, 후춧가루를 넣고
중간 불로 올려 2분간 볶는다.
☑ 청주와 후춧가루를 넣어 돼지고기의 누린내를
잡았어요.

5

애호박, 소금을 넣어 1분간 볶는다.
☑ 애호박을 넣고 소금을 뿌려
애호박에 간이 배도록 했어요.

6

마파소스를 붓고 1분간 더 볶는다.

버섯 대파 고추장볶음

⏱ 15~20분 | 1인분 | 223kcal

- 느타리버섯 3줌(또는
  다른 버섯, 150g)
- 대파 15cm 4대
- 통깨 1작은술
- 참기름 1작은술

양념
- 설탕 1/2큰술
- 다진 마늘 1/2큰술
- 물 3큰술
- 청주 1큰술
- 양조간장 1/2큰술
- 고추장 2큰술

1+1 Recipe 버섯 대파비빔밥으로 응용하기 58쪽

1
느타리버섯은 밑동을 제거하고 가닥가닥 뜯는다.
굵은 것은 길게 반으로 찢는다.

2
대파는 5cm 길이로 썬다.
두꺼운 흰 부분은 길게 반으로 썬다.

3
큰 볼에 양념 재료를 넣어 섞는다.

4
③의 볼에 느타리버섯, 대파를 넣고 버무린 후
5분간 재운다.

5
달군 팬에 ④를 넣고 중간 불에서 3분간 볶는다.

6
불을 끄고 통깨와 참기름을 넣어
한 번 더 섞는다.

시금치 새우볶음

⏱ 15~20분 | 1인분 | 360kcal

- 시금치 2줌(또는 쌈 케일 15장, 100g)
- 냉동 생새우살 10마리
- 달걀 1개
- 카레가루 2큰술
- 식용유 1큰술
- 다진 마늘 1작은술

시금치 새우주먹밥으로 응용하기 58쪽

1

냉동 생새우살은 찬물에 담가
10분간 해동한 후 흐르는 물에 헹궈
체에 밭쳐 물기를 뺀다.

2

시금치는 밑동을 제거하고
2cm 폭으로 썬다.

3

볼에 달걀과 카레가루 1큰술을 넣어 섞는다.

4

깊은 팬을 달궈 식용유를 두르고 생새우살과
다진 마늘을 넣어 약한 불에서 1분간 볶는다.

5

생새우살을 팬의 한쪽으로 밀어두고 ③의 달걀물을
부어 1분간 저어가며 익힌다.
☑ 이 때 팬을 기울여 달걀물을 붓고 익히면
새우에 묻지 않아 더욱 깔끔해요.

6

시금치와 카레가루 1큰술을 넣고
센 불로 올려 1분간 골고루 섞으며 볶는다.
☑ 카레가루를 골고루 뿌리며 넣어야
뭉치지 않아요.

새우 양송이볶음

⏱ 15~20분 | 1인분 | 271kcal

- 냉동 생새우살 15마리
- 양송이버섯 4개(또는 다른 버섯, 80g)
- 마늘 3쪽
- 식용유 1큰술

양념
- 물 1큰술
- 청주 1큰술
- 설탕 1작은술
- 양조간장 1작은술
- 후춧가루 약간

1+1 Recipe 데리야키 새우파스타로 응용하기 58쪽

1
냉동 생새우살은 찬물에 담가
10분간 해동한 후 흐르는 물에 헹궈
체에 받쳐 물기를 뺀다.

2
양송이버섯은 밑동을 제거해
4~6등분하고, 마늘은 편으로 썬다.
작은 볼에 양념 재료를 넣어 섞는다.

3
달군 팬에 식용유를 두르고 마늘을 넣어
약한 불에서 2분간 볶는다.
☑ 마늘을 먼저 기름에 볶으면 마늘 향이 기름에
우러나와 음식의 풍미가 더욱 좋아져요.

4
양송이버섯을 넣고 1분간 볶는다.

5
양념을 넣고 중간 불로 올려
1분간 볶는다.

6
생새우살을 넣고 센 불로 올려
2분간 더 볶는다.

훈제오리 채소볶음

⏱ 15~20분 | 1인분 | 286kcal

- 훈제오리 슬라이스 150g(또는 베이컨 4줄, 약 60g)
- 양파 1/4개
- 피망 1/2개(또는 파프리카·오이고추, 50g)
- 식용유 1작은술
- 다진 마늘 1작은술
- 소금 1/4작은술
- 청주 1큰술
- 고춧가루 1작은술
- 설탕 1/4작은술

훈제오리 채소볶음밥으로 응용하기 59쪽

1+1
Recipe

1
양파, 피망은 0.5cm 폭으로 채 썬다.

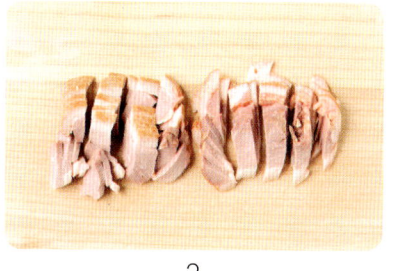

2
훈제오리 슬라이스는 1cm 폭으로 썬다.
☑ 훈제오리에서 나오는 기름이 부담스럽다면
훈제오리를 체에 올리고 뜨거운 물을 부어
기름기를 뺀 후 사용하세요.

3
달군 팬에 식용유를 두르고
다진 마늘, 양파, 소금을 넣어
중약 불에서 1분간 볶는다.

4
훈제오리, 청주를 넣어 중간 불에서
1분간 볶는다.
☑ 청주를 넣으면 훈제오리의 잡냄새를
제거할 수 있답니다.

5
피망, 고춧가루, 설탕을 넣어
30초간 더 볶는다.

닭가슴살 버섯볶음

⏱ 20~25분 | 1인분 | 419kcal

- 닭가슴살 1쪽(또는 돼지고기 잡채용, 100g)
- 모둠 버섯(새송이·느타리·양송이·표고버섯 등) 100g
- 대파 15cm 2대
- 식용유 1과 1/2큰술
- 다진 마늘 1작은술

양념
- 청주 1큰술
- 고추장 1큰술
- 양조간장 1/2작은술
- 후춧가루 약간
- 참기름 약간

1+1 Recipe 닭가슴살 버섯덮밥으로 응용하기 59쪽

1

버섯은 밑동을 제거하고 가닥가닥 찢거나
0.5cm 두께로 썰어 1cm 폭으로 채 썬다.
길이가 긴 버섯은 2등분한다.

2

대파는 5cm 길이로 썰어 길게 4등분한다.
작은 볼에 양념 재료를 넣어 섞는다.

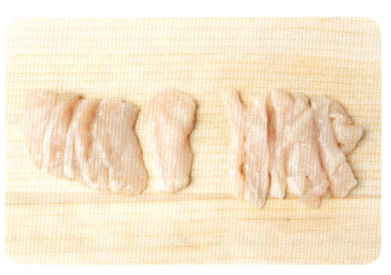

3

닭가슴살은 0.5cm 두께로 썰어
길게 2등분한다.

4

달군 팬에 식용유를 두르고 다진 마늘을 넣어
중약 불에서 30초간 볶는다.

5

닭가슴살을 넣고 3분간 볶는다.

6

버섯, 대파, ②의 양념을 넣어 2분간 더 볶는다.

닭쌈

⏱ 30~35분 | 1인분 | 355kcal

- 닭다리살 2쪽
  (180g, 껍질 제거 후 160g)
- 대파 15cm 2대
- 깻잎(또는 다른 쌈 채소) 10장
- 식용유 1큰술

밑간
- 청주 1큰술
- 설탕 1/2작은술
- 소금 1/4작은술
- 고춧가루 1작은술

- 다진 마늘 1작은술
- 양조간장 1작은술
- 후춧가루 약간

1+1 Recipe   닭고기 대파볶음밥으로 응용하기 59쪽

1
대파는 5cm 길이로 썰어 가늘게 채 썬 후
찬물에 10분간 담가 체에 밭쳐 물기를 뺀다.
☑ 대파 푸른 부분은 채 썬 후 찬물에 여러 번 헹궈
　진액을 씻은 후 찬물에 담가 사용해요.

2
닭다리살의 두터운 부위를
칼 끝으로 찔러 칼집을 낸다.

3
닭다리살을 밑간에 재료에 버무려 10분간 재운다.

4
달군 팬에 식용유를 두르고 닭다리살을 올려
약한 불에서 4분간 굽는다.
☑ 껍질부터 구우면 기름이 나와 양념이 쉽게 타지
　않아요. 닭고기 수축도 적어 모양이 잘 유지돼요.

5
뒤집어 뚜껑을 덮고 8분간 더 굽는다.
중간중간 닭다리살을 뒤집어 준다.

6
구운 닭다리살을 한입 크기로 썬 후
대파채, 깻잎을 곁들인다.

돼지고기 쌈장구이

⏱ 15~20분(+고기 재우기 30분) | 1인분 | 384kcal

- 돼지고기 목살 2장(또는 닭다리살 2쪽, 150g)
- 식용유 1/2큰술

쌈장양념
- 청주 1큰술
- 고추장 1/2큰술
- 설탕 1작은술
- 다진 마늘 1작은술
- 마요네즈 1작은술
- 된장 1작은술
- 후춧가루 약간

1+1 Recipe 돼지고기 쌈장볶음밥으로 응용하기 59쪽

1

큰 볼에 쌈장양념 재료를 섞는다.

2

돼지고기의 지방을 제거한다.

☑ 고기에 잔칼집을 넣으면 양념에 재울 때
간이 더 잘 배요.

3

돼지고기에 ①의 양념을 발라
30분간 재운다.

4

달군 팬에 식용유를 두르고
돼지고기를 올려 중약 불에서
앞뒤로 각각 1분 30초씩 굽는다.

5

약한 불로 줄이고 뒤집어가며 4분간 더 굽는다.

☑ 양념이 타기 쉬우니 약한 불에서
구우세요.

고추장 스테이크

⏱ 20~25분(+고기 재우기 30분) | 1인분 | 423kcal

- 돼지고기 목살 2장(150g)
- 대파채 25g(또는 대파 15cm)
- 익은 배추김치 1/3컵(50g)
- 식용유 1작은술
- 참기름 1/2작은술

고추장양념
- 고추장 1큰술
- 참기름 1/2큰술

- 설탕 2작은술
- 고춧가루 1작은술
- 다진 마늘 1작은술
- 청주 1작은술
- 양조간장 1/2작은술
- 후춧가루 약간

1+1 Recipe 고추장 스테이크 양배추쌈으로 응용하기 59쪽

1
돼지고기의 지방을 제거하고
가로, 세로 1cm 폭으로 칼집을 넣는다.

2
볼에 고추장양념 재료를 넣고 섞은 후
돼지고기를 넣고 버무려 30분 이상 재운다.
☑ 랩을 씌워 냉장실에서 하루 정도 재우면
　　맛이 더욱 깊이 배요.

3
대파채는 찬물에 10분간 담갔다가 체에 밭쳐
물기를 뺀다. 배추김치는 흐르는 물에 양념을
씻은 후 물기를 꼭 짜고 가늘게 썬다.
☑ 대파를 가늘게 채 썰어 사용해도 되요.

4
약하게 달군 팬에 식용유를 두르고 키친타월로
골고루 펴 바른 후 돼지고기를 올려
중약 불에서 1분 30초, 뒤집어 2분간 굽는다.
☑ 팬을 너무 오래 달구면 양념이 탈 수 있어요.

5
다시 뒤집고 약한 불로 줄여 2분간 더 익힌다.
☑ 고기의 두께에 따라 굽는 시간을 가감하세요.

6
볼에 대파채, 배추김치, 참기름을 넣고 버무린 후
고추장 스테이크에 곁들인다.

⏰ 15~20분 | 1인분 | 310kcal

- 쇠고기 불고기용 150g
- 모둠 버섯(새송이·느타리·
  양송이·표고버섯 등) 100g
- 양파 1/4개
- 대파 15cm
- 다시마 5×5cm 1장
- 식용유 1작은술
- 물 1과 1/2컵(300㎖)

고기양념
- 양조간장 1큰술
- 설탕 1작은술
- 다진 마늘 1작은술
- 참기름 약간
- 후춧가루 약간

국물 불고기

1+1 Recipe

당면 불고기로 응용하기 60쪽

1
쇠고기는 3cm 폭으로 썰어
고기양념 재료에 버무려 5분간 재운다.

2
양파는 0.5cm 폭으로 채 썰고,
대파는 어슷 썬다.

3
버섯은 밑동을 제거하고
가닥가닥 찢거나 0.5cm 두께의 모양대로 썬다.
길이가 긴 버섯은 2등분한다.

4
달군 냄비에 식용유를 두르고
쇠고기, 버섯, 양파를 넣어
중간 불에서 2분간 볶는다.

5
물, 다시마를 넣어 센 불에서 끓어오르면
중간 불로 줄여 5분간 끓인다.

6
대파를 넣어 1분간 더 끓인다. 다시마를 건져낸다.
☑ 건진 다시마는 한입 크기로 썰어 불고기에 넣어
먹어도 좋아요.

참치 강된장

⏱ 20~25분 | 1인분 | 315kcal

- 참치 통조림 1캔(또는 연어 통조림, 작은 것, 100g)
- 갖은 채소(사방 0.7cm 크기로 다진 것) 1컵
- 식용유 1큰술
- 물 1컵(200㎖)

  양념
- 다진 마늘 1큰술
- 된장 1과 1/2큰술
- 고추장 1큰술

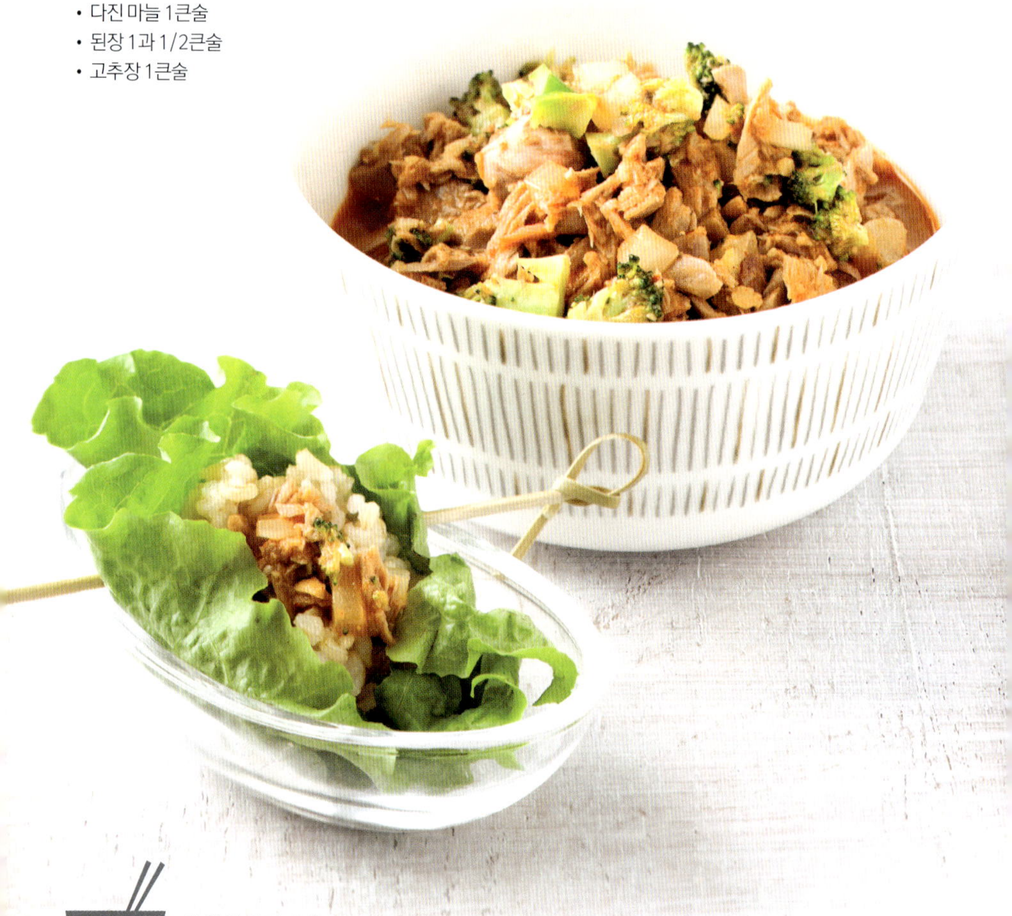

참치 강된장비빔밥으로 응용하기 60쪽

1

참치는 체에 밭쳐 기름기를 뺀다.

2

채소는 사방 0.7cm 크기로 썬다.

3

작은 볼에 양념 재료를 넣어 섞는다.

4

냄비에 식용유를 두르고 채소를 넣어
중약 불에서 1분 30초간 볶는다.

5

참치, 양념을 넣어 1분간 볶는다.

6

물을 붓고 중간 불로 올려 끓어오르면 5분간 끓인다.
☑ 중간중간 눌어붙지 않도록 저으세요.

김치 달걀찜

⏱ 10~15분 | 1인분 | 169kcal

- 익은 배추김치 1/3컵(50g)
- 대파 15cm
- 물 1/2컵(100㎖)

달걀물
- 달걀 2개
- 소금 1/4작은술

1+1 Recipe 김치 달걀덮밥으로 응용하기 60쪽

1

볼에 달걀물 재료를 넣고 젓가락으로 푼다.

2

대파는 송송 썬다. 배추김치는
속을 털어내고 0.3cm 폭으로 썬다.

3

①에 배추김치와 대파를 넣어 섞는다.

4

냄비에 물을 넣어 센 불에서 끓어오르면
약한 불로 줄여 달걀물을 붓고 섞는다.
☑ 달걀의 양이 많지
않으니 작은 냄비를 이용하세요.

5

뚜껑을 덮고 5분 30초간 익힌 후
불을 끄고 1분간 여열로 뜸을 들인다.
☑ 김치의 염도에 따라 간이 다를 수 있어요.
부족한 간은 소금으로 더하세요.

간단 육개장

⏰ 20~25분 | 1인분 | 451kcal

- 쇠고기 국거리용 100g
- 대파 15cm 2대
- 숙주 1줌(50g)
- 청양고추 1/2개(생략 가능)
- 시판 사골 육수 1과 3/4컵(350㎖)
- 식용유 2큰술

고기양념
- 고춧가루 3큰술
- 다진 마늘 1큰술
- 소금 1/2작은술(기호에 따라 가감)
- 양조간장 1작은술

 육개장 칼국수로 응용하기 60쪽

1

볼에 고기양념 재료를 넣어 섞는다.

2

쇠고기를 넣고 버무려 5분간 재운다.
☑ 국거리용 대신 등심이나 구이용
쇠고기를 한입 크기로 썰어 사용해도 좋아요.

3

대파는 5cm 길이로 썰어 길게 4등분하고,
청양고추는 어슷 썬다. 숙주는 흐르는 물에 헹군 후
체에 밭쳐 물기를 뺀다.

4

달군 냄비에 식용유를 두르고
쇠고기를 넣어 중약 불에서 2분간 볶는다.

5

사골 육수와 대파를 넣고 센 불로 올려 끓어오르면
중약 불로 줄여 6분간 끓인다.
☑ 끓이면서 생기는 거품은 고운 체나 숟가락으로
걷어내세요.

6

숙주, 청양고추를 넣어 1분간 더 끓인다.

참치 감자탕

⏱ 35~40분 | 1인분 | 308kcal

- 참치 통조림 1캔(작은 것, 100g)
- 감자 1개
- 깻잎 10장
- 대파 15cm
- 청양고추 1/2개(생략 가능)

양념
- 고춧가루 1큰술
- 다진 마늘 1작은술
- 양조간장 1작은술
  (된장 염도에 따라 가감)
- 된장 1과 1/2작은술
- 고추장 1과 1/2작은술

국물
- 국물용 멸치 20마리
- 다시마 5×5cm 2장
- 물 3과 1/2컵(700㎖)

1+1 Recipe 참치 감자볶음밥으로 응용하기 60쪽

1

냄비에 국물 재료를 넣고 센 불에서 끓어오르면
약한 불로 줄여 5분간 끓인다. 다시마를 건지고
10분 더 끓여 멸치를 건진다. ☑ 완성 양은
2와 1/2컵(500㎖)이며 부족하면 물을 더하세요.

2

감자는 4등분한다.
참치는 체에 밭쳐 기름기를 뺀다.

3

깻잎은 꼭지를 제거하고 길이대로
2등분한 후 1cm 폭으로 썬다.
대파, 청양고추는 어슷 썬다.

4

①의 냄비에 양념 재료를 넣고 섞은 후
감자를 넣어 센 불에서 끓어오르면
중약 불로 줄여 13분간 끓인다.

5

참치, 대파, 청양고추를 넣어 1분간 끓인다.

6

깻잎을 넣어 1분간 더 끓인다.
☑ 깻잎은 마지막에 넣어야 향이
잘 살아납니다.

섞어찌개

⏱ 20~25분 | 1인분 | 423 kcal

- 느타리버섯 1줌(또는 다른 버섯, 50g)
- 햄 통조림 1/2캔(또는 소시지, 100g)
- 냉동 물만두 5개
- 대파 15cm 3대
- 시판 사골 육수 1과 3/4컵(350㎖)
- 소금 약간

양념
- 고춧가루 2큰술
- 다진 마늘 1큰술
- 고추장 1큰술
- 소금 1/4작은술
- 양조간장 1/2작은술

1+1 Recipe · 라면 섞어찌개로 응용하기 61쪽

1
느타리버섯은 밑동을 제거하고 가닥가닥 뜯는다.
굵은 것은 결대로 2등분한다.

2
대파는 5cm 길이로 썬 후 길게 4등분한다.

3
햄은 2등분한 후 0.7cm 두께로 썬다.

4
냄비에 사골 육수를 붓고 양념을 넣어 푼다.

5
모든 재료를 넣고 센 불에서 끓어오르면
중간 불로 줄여 5분간 끓인다. 부족한 간은 소금으로
더한다. ☑ 끓이면서 생기는 거품은 고운 체나
숟가락으로 걷어내세요.

버섯 된장찌개

⏱ 20~25분 | 1인분 | 101kcal

- 모둠 버섯(새송이·느타리·
  양송이·표고버섯 등) 100g
- 양파 1/4개
- 대파 15cm
- 청양고추 1개(생략 가능)

된장양념
- 고춧가루 1/2작은술
- 다진 마늘 1작은술
- 된장 4작은술
  (염도에 따라 가감)

국물
- 국물용 멸치 20마리
- 다시마 5×5cm 2장
- 물 2와 1/2컵(500㎖)

**1+1
Recipe** 버섯 강된장으로 응용하기 61쪽

1

냄비에 국물 재료를 넣고 센 불에서 끓어오르면
약한 불로 줄여 5분간 끓인다. 다시마를 건지고
10분 더 끓여 멸치를 건진다. ☑ 완성 양은
1과 1/2컵(300㎖)이며 부족하면 물을 더하세요.

2

버섯은 사방 1cm 크기로 썬다.

3

양파는 1×1cm 크기로 썰고,
대파, 청양고추는 어슷 썬다.

4

①의 냄비에 된장양념 재료를 넣고 푼다.
버섯, 양파를 넣어 센 불에서 끓어오르면
중약 불로 줄여 4분간 끓인다.

5

대파, 청양고추를 넣고 1분간 더 끓인다.

어묵 김치찌개

⏰ 25~30분 | 1인분 | 247kcal

- 익은 배추김치 1컵(150g)
- 모둠 어묵(또는 소시지) 90g
- 대파 15cm
- 참기름 2작은술
- 고춧가루 1/2큰술
- 다진 마늘 1큰술
- 김칫국물 2큰술
- 양조간장 1작은술
- 소금 약간

국물
- 국물용 멸치 20마리
- 다시마 5×5cm 2장
- 물 3컵(600㎖)

1+1 Recipe 어묵 김치 떡국으로 응용하기 61 쪽

1

냄비에 국물 재료를 넣고 센 불에서 끓어오르면
약한 불로 줄여 5분간 끓인다. 다시마를 건지고
10분 더 끓여 멸치를 건진다. ☑ 완성 양은
2컵(400㎖)이며 부족하면 물을 더하세요.

2

대파는 어슷 썰고, 배추김치는 속을 털어낸 후
3cm 폭으로 썬다.

3

모둠 어묵은 한입 크기로 썬다.

4

달군 냄비에 참기름을 두르고 배추김치, 고춧가루,
다진 마늘을 넣어 중간 불에서 1분 30초간 볶는다.
☑ 덜 익은 김치를 사용할 때는 식초 1작은술을
넣고 함께 볶으면 맛이 더욱 좋아집니다.

5

①의 국물, 김칫국물, 국간장을 넣고
센 불로 올려 끓어오르면 중약 불로 줄여
뚜껑을 덮고 3분간 끓인다.

6

어묵, 대파를 넣고 뚜껑을 다시 덮어
5분간 더 끓인다.
부족한 간은 소금으로 더한다.

⏰ 25~30분 | 1인분 | 253kcal

- 익은 배추김치 1컵(150g)
- 생식 두부 1팩(또는 순두부, 약 140g)
- 달걀 1개
- 대파 15cm
- 참기름 2작은술
- 고춧가루 1/2큰술
- 다진 마늘 1큰술

- 양조간장 1/2작은술
- 소금 약간
- **국물**
- 국물용 멸치 20마리
- 다시마 5×5cm 2장
- 물 2와 1/2컵(500㎖)

김치 순두부찌개

1+1 Recipe 김치 순두부덮밥으로 응용하기 61쪽

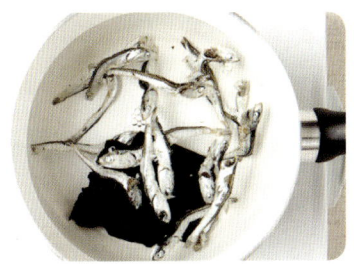

1

냄비에 국물 재료를 넣고 센 불에서 끓어오르면
약한 불로 줄여 5분간 끓인다. 다시마를 건지고
10분 더 끓여 멸치를 건진다. ☑ 완성 양은
1과 1/2컵(300㎖)이며 부족하면 물을 더하세요.

2

대파는 어슷 썰고, 배추김치는 속을 털어낸 후
3cm 폭으로 썬다.

3

달군 냄비에 참기름을 두르고 배추김치, 고춧가루,
다진 마늘을 넣어 중간 불에서 1분 30초간 볶는다.
☑ 덜 익은 김치를 사용할 때는 식초 1작은술을
넣고 함께 볶으면 맛이 더욱 좋아집니다.

4

①의 국물을 넣어 센 불에서 끓어오르면
중약 불로 줄여 뚜껑을 덮고 5분간 끓인다.

5

생식 두부를 넣어
숟가락으로 한입 크기로 가른다.

6

달걀, 대파, 국간장을 넣고
다시 뚜껑을 덮어 3분간 더 끓인다.
부족한 간은 소금으로 더한다.

chapter 1에 소개된 일품 반찬과 찌개로 다양한 한 그릇 요리를 즐겨보세요.
간단한 재료만 더해도 새로운 메뉴가 완성된답니다.

두부 채소비빔밥_20쪽

❶ 양념을 섞을 때 식초를 빼고 양조간장 1작은술을 더 넣어 섞는다.

❷ 따뜻한 밥 1공기(200g)에 구운 두부 채소무침을 올리고 기호에 따라
참기름을 넣어 완성한다. 부족한 간은 양조간장으로 더한다.

마파소스 채소덮밥_22쪽

❶ 녹말물(물 1/4컵 + 녹말가루 1 작은술)을 만든다.

❷ 완성한 마파소스 채소볶음 1/2분량에 녹말물을 넣고 섞는다.
센 불에서 가장자리가 끓어오르면 약한 불로 줄여
30초간 저어가며 끓인다.

❸ 따뜻한 밥 1공기(200g)에 올린다.

버섯 대파비빔밥_24쪽

❶ 따뜻한 밥 1공기(200g)에 완성한 버섯 대파 고추장볶음을 올린다.

❷ 달군 팬에 식용유 1작은술을 두르고 달걀을 올려
중약 불에서 1분 30초간 익혀 곁들이면 더욱 푸짐하게 즐길 수 있다.

시금치 새우주먹밥_26쪽

❶ 시금치를 썰 때 1cm 폭으로 더 잘게 썰고,
냉동 생새우살은 4~5등분한 후 나머지 과정대로 완성한다.

❷ 큰 볼에 따뜻한 밥 1공기(200g)와 시금치 새우볶음을 넣고 섞은 후
한입 크기로 뭉친다.

데리야키 새우파스타_28쪽

❶ 끓는 물(물 6컵 + 소금 1작은술)에 스파게티 1줌(80g)을 넣고
포장지에 적힌 시간에서 2분을 제외하고 삶아 체에 밭쳐 물기를 뺀다.

❷ ⑤번 과정에서 양념을 넣고 물(1/4컵)과 스파게티를 함께 넣어 볶는다.

❸ 생새우살을 넣고 식용유 1큰술을 더 넣어서 볶는다.
식용유 대신 올리브유(또는 카놀라유, 포도씨유)를 사용해도 좋다.

훈제오리 채소볶음밥_30쪽

❶ 완성한 훈제오리 채소볶음 1/2분량은 가위를 이용해 잘게 자른다.

❷ 달군 팬에 따뜻한 밥 1공기(200g), 소금 1/4작은술, 훈제오리 채소볶음을 넣어 약한 불에서 2분간 볶는다.

닭가슴살 버섯덮밥_32쪽

❶ 녹말물(물 1/4컵 + 녹말가루 1작은술)을 만든다.

❷ 완성한 닭가슴살 버섯볶음에 녹말물을 넣고 약한 불에서
30초간 저어가며 끓인다.
★ 닭가슴살 버섯볶음의 양이 많으면 1/2분량을 덜어 놓고 녹말물을 부어요.

❸ 부족한 간은 소금으로 더하고, 따뜻한 밥 1공기(200g)에 곁들인다.

닭고기 대파볶음밥_34쪽

❶ 닭다리살은 사방 1.5cm 크기로 썰어 밑간에 재운다.

❷ 달군 팬에 식용유 2작은술을 두르고 닭다리살과 대파채를 올려
중약 불에서 6분간 볶다가 따뜻한 밥 1공기(200g), 양조간장 1작은술을
넣어 2분간 볶는다.

❸ 깻잎은 1cm 폭으로 썰어 볶음밥에 곁들인다.

돼지고기 쌈장볶음밥_36쪽

❶ 양파 1/5개(40g)는 사방 1cm 크기로 썰고, 돼지고기 목살은
사방 1.5cm 크기로 썬다. 양념에 함께 버무려 30분간 재운다.

❷ 깊은 팬을 달궈 식용유 1작은술을 두르고 양파, 돼지고기를 넣어
중간 불에서 2분 30초간 볶는다.

❸ 따뜻한 밥 1공기(200g)와 양조간장 1작은술을 넣고 중약 불로 줄여
2분간 볶는다.

고추장 스테이크 양배추쌈_38쪽

❶ 양배추 4장(손바닥 크기, 120g)은 위생팩에 담아 전자레인지(700W)에서
3~4분간 익히거나 김이 오른 찜기에 올려 8~9분간 익힌다.

❷ 익힌 고추장 스테이크를 한입 크기로 썰어 익힌 양배추에 곁들인다.

당면 불고기_40쪽

❶ 당면 1/4줌(25g)은 찬물에 담가 1시간 정도 불린 후 체에 밭쳐 물기를 뺀다.

❷ ⑤번 과정에서 물, 다시마와 함께 당면을 넣어 끓인다.

참치 강된장비빔밥_42쪽

❶ 따뜻한 밥 1공기(200g)에 쌈 채소(20g)를 한입 크기로 뜯어 올린다.

❷ 완성한 참치 강된장을 기호에 맞게 올려 비빔밥으로 즐긴다. 참기름 1작은술을 곁들여도 좋다.

김치 달걀덮밥_44쪽

❶ 위생팩에 조미 김(2장)을 넣어 잘게 부순다.

❷ 따뜻한 밥 1공기(200g)에 김치 달걀찜, 김 가루를 곁들이고 부족한 간은 양조간장으로 더한다.

육개장 칼국수_46쪽

❶ 끓는 물(5컵)에 칼국수면(175g)을 넣고 5분간 삶은 후 체에 밭쳐 물기를 뺀다.

❷ 완성한 육개장에 칼국수면을 넣어 센 불에서 끓으면 불을 끄고 그릇에 담는다. 부족한 간은 소금으로 더한다.

참치 감자볶음밥_48쪽

❶ 배추김치(50g)는 잘게 다지고 조미 김(2장)은 위생팩에 넣어 잘게 부순다.

❷ 달군 팬에 참치 감자탕의 건더기 1/4컵, 국물 1/4컵, 배추김치, 조미 김가루, 따뜻한 밥 1공기(200g)를 넣고 중약 불에서 2분간 볶는다.

❸ 기호에 따라 참기름을 곁들인다.

라면 섞어찌개_50쪽

❶ ④번 과정에서 사골 육수와 함께 물(1/2컵)을 더 넣고 끓인다.

❷ 완성한 섞어찌개가 센 불에서 끓어오르면 라면 1/2개를 넣어
기호에 맞게 끓인다.

버섯 강된장_52쪽

❶ 버섯을 50g 더 준비해 사방 1cm 크기로 썬다.

❷ 기존 양념에 된장 1작은술, 고추장 2작은술을 더한다.

❸ ⑤번 과정에서 끓이는 시간을 3분으로 늘려 국물이 자박할 때까지 끓인다.

어묵 김치 떡국_54쪽

❶ 찌개라 국물이 적으니 ⑤번 과정에서 물(1/2컵)을 더 넣고 끓인다.

❷ ⑥번 과정에서 어묵과 함께 떡국 떡 1컵(120g)을 넣어 끓이고,
부족한 간은 소금으로 더한다.
★ 냉동 떡국 떡은 물에 10분간 담가 해동한 후 사용하세요.

김치 순두부덮밥_56쪽

❶ 녹말물(녹말가루 1큰술 + 물 1/4컵)을 만든다.

❷ 완성한 김치 순두부찌개 1/2분량에 녹말물을 넣고 섞은 후
센 불에서 끓어오르면 약한 불로 줄여 30초간 끓인다.

❸ 부족한 간은 소금으로 더하고, 따뜻한 밥 1공기(200g)에 곁들인다.

비상 식량으로 제격!
홈메이드 냉동 된장찌개 만들기

⏱ 15~25분 | 5회 분량 | 119kcal/1회

- 감자 1개(200g)
- 양파 1개(200g)
- 모둠 버섯(새송이·양송이·
  표고·느타리버섯) 100g
- 대파 15cm 2대
- 청양고추(또는 풋고추) 1개
- 고춧가루 1큰술
- 다진 마늘 2큰술
- 된장 13큰술

1 감자, 양파, 버섯은 사방 1cm 크기로 썬다.
  대파, 청양고추는 어슷 썬다.

2 볼에 모든 재료를 넣어 섞는다.

**냉동
하기**

1/5분량씩 지퍼백이나 위생팩에
담아 편편하게 편 후 냉동한다.

**조리
하기**

1 두부 1/2모(100g)는
  사방 1cm 크기로 썬다.

2 냄비에 물 1과 1/2컵(300㎖),
  냉동 된장찌개를 해동하지 않고
  넣어 센 불에서 끓어오르면
  중약 불로 줄여 4분간 끓인다.

3 두부를 넣어 1분간 더 끓인다.

chapter
2

주말에 즐기기 좋은
폼 나는 브런치와 별식

네모 오믈렛

⏱ 15~20분 | 1인분 | 386kcal

- 양파 1/4개
- 비엔나 소시지 3개(또는 베이컨 2줄, 24g)
- 방울토마토 1개(생략 가능)
- 식용유 2작은술
- 후춧가루 약간

달걀물
- 달걀 3개
- 소금 1/4작은술

1
양파는 0.5cm 폭으로 채 썰고,
비엔나 소시지는 어슷하게 3등분한다.
방울토마토는 4등분한다.

2
볼에 달걀물 재료를 넣어 섞는다.

3
달군 팬에 식용유 1작은술을 두르고
양파, 비엔나 소시지, 방울토마토, 후춧가루를 넣어
중약 불에서 2분간 볶은 후 접시에 덜어둔다.

4
팬을 닦고 다시 달궈 식용유 1작은술을 두르고
달걀물을 부어 중약 불에서 젓가락으로 8자를
그려가며 30초간 익힌다.

5
달걀 가운데에 ③을 올리고 약한 불로 줄여
2분간 그대로 익힌다.

6
네 면을 접어 네모모양을 만든 후 뚜껑을 덮어 2분간
익힌 후 불을 끄고 1분간 그대로 둔다.
☑ 반숙을 원한다면 2분만 익혀 드세요.

구운 새우 샐러드

⏰ 15~20분 | 1인분 | 263kcal

- 냉동 생새우살 10마리
- 샐러드 채소 50g
- 식용유 1큰술
- 청주 1큰술

밑간
- 다진 마늘 1작은술
- 소금 약간
- 후춧가루 약간

요구르트드레싱
- 떠먹는 플레인 요구르트 5큰술
- 설탕 1작은술
- 레몬즙 1작은술
- 소금 약간

1

냉동 생새우살은 찬물에 담가
10분간 해동한 후 흐르는 물에 헹궈
체에 밭쳐 물기를 뺀다.

2

생새우살은 밑간에 버무려
5분간 재운다.

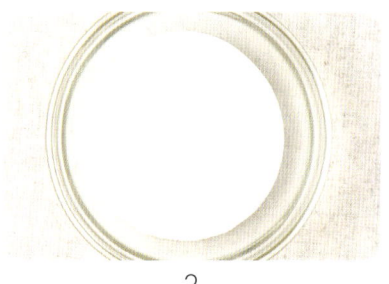

3

볼에 요구르트드레싱 재료를 넣어 섞는다.

4

샐러드 채소는 흐르는 물에 씻어
체에 밭쳐 물기를 뺀다.

5

달군 팬에 식용유를 두르고
생새우살을 올려 중약 불에서 1분간 굽는다.
뒤집어 청주를 뿌린 후 1분 30초간 더 굽는다.
☑ 청주를 뿌려 새우의 비린내를 없애세요.

6

볼에 샐러드 채소, 구운 새우를 담고
요구르트드레싱을 뿌린다.

닭가슴살 샐러드

⏱ 15~20분 | 1인분 | 333kcal

- 닭가슴살 1쪽
  (또는 닭안심 4쪽, 100g)
- 샐러드 채소 50g
- 식용유 1작은술
  밑간
- 청주 2작은술
- 소금 약간
- 후춧가루 약간

매콤 오리엔탈드레싱
- 다진 청양고추 1/2개분(생략 가능)
- 생수 1큰술
- 설탕 1작은술
- 식초 1작은술
- 양조간장 1과 1/2작은술
- 포도씨유(또는 식용유) 2작은술

1

닭가슴살은 1cm 두께로 썬 후
밑간 재료에 버무려 10분간 재운다.

2

볼에 매콤 오리엔탈드레싱 재료를 넣어 섞는다.

3

샐러드 채소는 흐르는 물에 씻어
체에 밭쳐 물기를 뺀다.

4

달군 팬에 식용유를 두르고
닭가슴살을 올려 중약 불에서 3분간 뒤집어가며
익힌다.

5

볼에 샐러드 채소를 담고 드레싱에 버무린 후
닭가슴살을 올린다.

닭가슴살 또띠야랩

⏱ 20~25분 | 1인분 | 601kcal

- 또띠야 1장(8인치)
- 닭가슴살 1쪽
  (또는 닭안심 4쪽, 100g)
- 샐러드 채소 20g
- 양파 1/8개
- 식용유 1큰술

밑간
- 청주 1큰술
- 소금 1/4작은술
- 다진 마늘 1작은술
- 설탕 약간
- 후춧가루 약간

소스
- 마요네즈 1과 1/2큰술
- 머스터드 1/2큰술
- 설탕 1작은술
- 식초 1작은술

1

양파는 가늘게 채 썰어 찬물에 10분간 담가
매운맛을 뺀 후 체에 밭쳐 물기를 뺀다. 샐러드
채소는 흐르는 물에 씻어 체에 밭쳐 물기를 뺀다.

2

닭가슴살은 길게 0.5cm 두께로 썬 후
밑간 재료에 버무려 5분간 재운다.

3

작은 볼에 소스 재료를 넣어 섞는다.

4

달군 팬에 기름을 두르지 않은 채 또띠야를 올려
중약 불에서 앞뒤로 30초씩 굽는다.

5

달군 팬에 식용유를 두르고 ②를 올려 중약 불에서
5분간 뒤집어가며 구운 후 덜어둔다.

6

또띠야 위에 소스 1/2분량을 바른 후 샐러드 채소,
닭가슴살, 양파, 남은 소스를 올린다.
양쪽 끝을 접은 후 돌돌 만다.

사과 크림치즈 샌드위치

⏱ 15~20분 | 1인분 | 597kcal

- 곡물 식빵(또는 식빵) 2장
- 사과 1/5개
- 베이컨 2줄(긴 것, 24g)
- 견과류 2큰술(호두·아몬드·캐슈너트 등, 20g)
- 식용유 1작은술

  스프레드
- 설탕 1/2큰술
- 식초 1/2큰술
- 크림치즈 4큰술

1

달군 팬에 곡물 식빵을 올리고
중약 불에서 앞뒤로 1분 30초씩 구운 후
서로 기대어 한 김 식힌다.

2

사과는 모양대로 얇게 썰어
옅은 설탕물(물 1컵 + 설탕 1큰술)에 담가둔다.
☑ 사과는 설탕물에 담가 갈변을 방지해요.

3

견과류는 키친타월 위에 올려 굵게 다지고,
베이컨은 1×1cm 크기로 썬다.
☑ 견과류를 키친타월에 올려 다지면
기름기가 흡수되고 사방으로 튀는 것을 막아줘요.

4

달군 팬에 식용유를 두르고 베이컨을 넣어
약한 불에서 2분간 볶은 후
키친타월에 올려 기름기를 뺀다.

5

사과는 체에 밭쳐 물기를 뺀다. 볼에 견과류,
베이컨, 스프레드 재료를 넣어 섞는다.
☑ 크림치즈를 실온에 두면 말랑해져서
섞기 쉬워요.

6

통밀 식빵에 ⑤를 바르고 사과를 펼쳐 올린 후
나머지 식빵으로 덮는다.

브로콜리 달걀 샌드위치

⏲ 20~25분 | 1인분 | 527kcal

- 모닝빵 3개(또는 식빵 2장)
- 달걀 1개
- 브로콜리 1/6개(50g)
- 양파 1/5개

스프레드
- 마요네즈 2큰술
- 머스터드 1/2작은술
- 설탕 약간
- 후춧가루 약간

1
냄비에 달걀과 잠길 정도의 물을 붓고 센 불에서
끓어오르면 중간 불로 줄여 12분간 삶은 후
찬물에 헹궈 껍데기를 벗긴다.

2
브로콜리는 한입 크기로 썰어 끓는 물(물 2컵 +
소금 1/2작은술)에 넣고 30초간 데친 후 찬물에
헹궈 물기를 꼭 짠다. ☑ 물기를 완전히 제거해야
샌드위치 소가 묽어지지 않아요.

3
양파와 브로콜리는 잘게 다진다.

4
큰 볼에 삶은 달걀을 넣고 숟가락으로 으깬다.

5
④의 볼에 양파, 브로콜리,
스프레드 재료를 넣고 섞는다.

6
모닝빵의 중앙에 4/5지점까지 칼집을 낸 후
⑤를 1/3분량씩 채운다.
나머지 2개도 같은 방법으로 만든다.

미트 퀘사디야

⏱ 20~25분 | 1인분 | 597kcal

- 또띠야 2장(8인치)
- 다진 쇠고기 100g
- 양파 1/4개
- 슈레드 피자치즈 1/2컵(50g)
- 시판 토마토 스파게티소스 5큰술

- 식용유 1작은술
- 다진 마늘 1작은술
- 고춧가루 1작은술
- 소금 1/4작은술
- 후춧가루 약간

1

양파는 0.5cm 크기로 다진다.

2

달군 팬에 식용유를 두르고 다진 마늘,
양파, 다진 쇠고기를 넣어 중약 불에서
2분 30초간 볶는다.

3

②에 토마토 스파게티소스, 고춧가루, 소금,
후춧가루를 넣어 2분 30초간 볶은 후 덜어둔다.

4

③의 팬을 닦고 달구지 않은 채 또띠야 1장을 올린 후
슈레드 피자치즈 1큰술을 뿌린다.

5

③을 올린 후 나머지 슈레드 피자치즈를 뿌리고
또띠야로 덮는다.

6

뚜껑을 덮어 약한 불에서 3분간 굽고 뒤집개로
뒤집어 3분간 더 굽는다.

갈릭 버섯 오일파스타

⏰ 20~25분 | 1인분 | 732kcal

- 스파게티 1줌(80g)
- 모둠 버섯(새송이·느타리·양송이·표고버섯 등) 100g
- 마늘 5쪽
- 청양고추 1/2개(생략 가능)
- 식용유 4큰술

  양념
- 설탕 1작은술
- 양조간장 4작은술

1
깊은 팬에 물(물 6컵 + 소금 1작은술)을 끓여
끓어오르면 스파게티를 넣고 포장지에 적혀 있는
시간보다 1분 짧게 삶아 체에 밭쳐 물기를 뺀다.

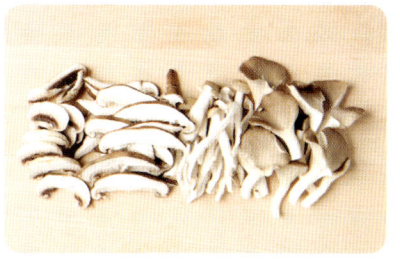

2
버섯은 밑동을 제거한 후 가닥가닥 찢거나
모양대로 0.5cm 두께로 썬다.
길이가 긴 버섯은 2등분한다.

3
마늘은 편으로 썰고, 청양고추는 어슷 썬다.
작은 볼에 양념 재료를 넣어 섞는다.

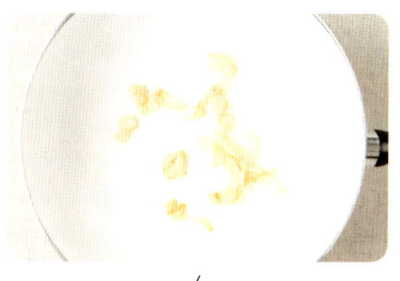

4
달군 팬에 식용유를 두르고 마늘을 넣어
약한 불에서 3분간 볶는다.

5
버섯, 청양고추를 넣어 2분간 볶는다.

6
스파게티, 양념을 넣고 중간 불로 올려
1분간 볶는다.

매콤 새우 토마토파스타

⏰ 20~25분 | 1인분 | 572kcal

- 스파게티 1줌(80g)
- 냉동 생새우살 7마리
- 방울토마토 3개
  (또는 토마토 1/3개, 45g)
- 청양고추 1/2개(생략 가능)
- 식용유 1큰술
- 다진 마늘 1큰술
- 고춧가루 1작은술
- 소금 약간

고추장 토마토소스
- 고추장 1큰술
- 시판 토마토 스파게티소스 1컵(200㎖)
- 물 1/4컵(50㎖)

1

깊은 팬에 물(물 6컵 + 소금 1작은술)을 끓인다.
냉동 생새우살은 찬물에 담가 10분간
해동한 후 흐르는 물에 헹궈 체에 밭쳐 물기를 뺀다.

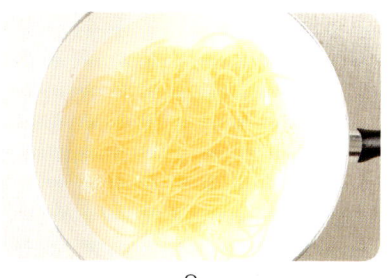

2

①의 끓는 물에 스파게티를 넣고
포장지에 적힌 시간보다 2분 짧게
삶아 체에 밭쳐 물기를 뺀다.

3

방울토마토는 4등분하고, 청양고추는 송송 썬다.
볼에 고추장 토마토소스 재료를 넣어 섞는다.

4

달군 팬에 식용유를 두르고 청양고추, 다진 마늘,
고춧가루를 넣고 약한 불에서 1분간 볶는다.
☑ 팬을 오래 달구면 재료가 탈 수 있으니
약간만 달구세요.

5

생새우살을 넣고 중간 불로 올려
1분 30초간 볶은 후 스파게티를 넣고 1분간 볶는다.

6

고추장 토마토소스와 방울토마토를 넣어
1분간 볶은 후 소금으로 간을 맞춘다.

김치 크림파스타

⏱ 20~25분 | 1인분 | 1324kcal

- 스파게티 1줌(80g)
- 익은 배추김치 2/3컵(100g)
- 베이컨 2줄(긴 것, 또는 소시지, 24g)
- 양파 1/4개
- 청양고추 1개(기호에 따라 가감)
- 생크림 1과 1/4컵(250㎖)

- 김칫국물 1큰술
- 식용유 1큰술
- 다진 마늘 1/2큰술
- 후춧가루 약간
- 소금 1/2작은술(기호에 따라 가감)

1

깊은 팬에 물(물 6컵 + 소금 1작은술)을 끓인다.
끓어오르면 스파게티를 넣고 포장지에 적힌
시간보다 2분 짧게 삶아 체에 밭쳐 물기를 뺀다.

2

청양고추는 송송 썰고,
베이컨은 가늘게 채 썬다.

3

양파, 배추김치는 속을 털어내고
가늘게 채 썬다.

4

달군 팬에 식용유를 두른 후
청양고추, 베이컨, 양파, 다진 마늘을 넣어
중약 불에서 1분 30초간 볶는다.

5

배추김치, 후춧가루를 넣고
중간 불로 올려 1분 30초간 볶는다.

6

생크림과 김칫국물을 넣고
센 불로 올려 끓어오르면 스파게티를 넣고
약한 불로 줄여 2분간 저어가며 끓인 후
소금으로 간을 맞춘다.

대파 달걀국수

⏱ 20~25분 | 1인분 | 370kcal

- 소면 1줌(70g)
- 달걀 1개
- 대파 15cm 4대
- 양조간장 1작은술
- 소금 약간

국물
- 국물용 멸치 30마리
- 다시마 5×5cm 2장
- 물 4와 1/2컵(900㎖)

1

냄비에 국물 재료를 넣고 센 불에서 끓어오르면
약한 불로 줄여 5분간 끓인다. 다시마를 건지고
10분 더 끓여 멸치를 건진다. ☑ 완성 양은
3과 1/2컵(700㎖)이며 부족하면 물을 더하세요.

2

건진 다시마는 가늘게 채 썰고,
대파는 송송 썬다.

3

볼에 달걀, 다시마, 대파를 넣어 섞는다.

4

①의 국물을 센 불로 올려 끓어오르면 국간장과
소면을 넣고 중약 불로 줄여 1분 30초간 끓인다.

5

③을 넣은 후 약한 불로 줄여 2분간 끓인다.
소금으로 간을 맞춘다.
☑ 달걀을 넣고 저으면 국물이 탁해질 수 있으므로
1분 정도 끓인 후 저으세요.

닭가슴살 간장 비빔면

⏱ 15~20분 | 1인분 | 392kcal

- 소면 1줌(70g)
- 파프리카 1/2개(또는 오이, 100g)
- 닭가슴살 통조림 1캔(작은 것, 90g)
  양념
- 양조간장 1큰술
- 설탕 1작은술
- 참기름 1작은술
- 통깨 약간

1

냄비에 물(4컵)을 넣어 끓인다. 끓어오르면
소면을 넣고 3분 30초간 삶은 후 찬물에 헹군 후
물기를 뺀다. ☑ 물이 끓어오를 때 중간중간에
찬물(1/4컵씩)을 넣으면 면이 더욱 쫄깃해져요.

2

파프리카는 0.5cm 두께로 채 썬다.

3

닭가슴살 통조림은 체에 밭쳐 물기를 뺀다.

4

큰 볼에 양념 재료를 넣고 섞은 후
소면, 파프리카, 닭가슴살을 넣어 버무린다.

비빔만두

⏱ 15~20분 | 1인분 | 346kcal

- 냉동 군만두 5개
- 양배추 2장(손바닥 크기, 60g)
- 깻잎 5장
- 식용유 1큰술

양념
- 설탕 1과 1/2작은술
- 식초 2작은술
- 고추장 4작은술
- 참기름 1/2작은술

1

양배추, 깻잎은 가늘게 채 썬다.

2

양배추와 깻잎은 찬물에 10분간 담가
체에 밭쳐 물기를 뺀다.

☑ 찬물에 채소를 담가두면 더욱 아삭해져요.

3

달군 팬에 식용유를 두르고
포장지에 적힌 시간대로 군만두를 굽는다.

4

볼에 양념 재료를 넣어 섞는다.

5

큰 볼에 양배추, 깻잎을 넣고
④의 양념을 넣어 버무린다.

6

군만두와 채소 무침을 곁들인다.

이런 술엔 이런 안주!
술 & 안주 궁합이야기

맥주

Yes! → 맥주의 안주로는 되도록 수분이 많고 **신선한 과일이나 두부** 등이 좋다.

No! → 치킨과 땅콩이 맥주와 찰떡 궁합으로 알려져 있다. 하지만 치킨이나 땅콩의 지방 성분이 알코올의 분해를 방해해 맥주와 궁합이 맞지 않다. 튀김을 곁들이고 싶다면 **지방이 적은 흰살생선이나 해산물**을 추천!

추천 안주 : 소시지 파인애플볶음(92p), 새우 베이컨말이(96p)

소주

Yes! → 소주에는 **과일이나 채소**를 곁들이면 좋다. **배**의 경우 뛰어난 이뇨 작용을 통해 주독을 풀어준다. 감은 해열과 해독 작용에 효과적이며, 탄닌 성분이 위의 점막을 보호해 알코올의 흡수를 막아주는 역할을 한다. **숙주, 콩나물** 등은 아스파라긴산과 비타민 C가 풍부해 술안주로 좋다. **오이나 연근**의 경우 숙취 해소를 돕는다.

No! → 일반적으로 쓴 소주에 기름지고 고소한 삼겹살은 찰떡궁합으로 여겨진다. 하지만 소주의 알코올은 지방을 합성하므로 삼겹살과 함께 먹으면 지방이 바로 체내에 쌓여 비만을 초래한다.

추천 안주 : 골뱅이 김치무침(98p), 나가사키 짬뽕탕(118p)

와인

Yes! → 알칼리 성분인 와인에는 **육류나 치즈 등 산성식품**을 곁들이면 중화작용을 일으키므로 안주로서 바람직하다. 단, 열량을 생각해 적당히 섭취할 것. 건강과 미용을 생각한다면 **두부 또는 샐러드류**를 안주로 먹는 것이 좋다.

No! → 치즈와 육류는 칼로리가 높으므로 안주로 많이 섭취하게 되면 술배를 나오게 하는 주원인이 될 것이므로 과식은 피한다.

추천 안주 : 세 가지 콘치즈(94p), 감자피자(106p),
갈릭 스테이크피자(108p), 방울토마토 찹스테이크(112p)

막걸리

Yes! → 유기산은 장을 자극하기 때문에 안주를 선택할 때에는 장을 자극하지 않는 음식으로 곁들일 것. 가장 좋은 것은 **삶은 돼지고기.**

No! → 막걸리에 전류를 곁들이는 경우가 많은데 이는 기름기가 많고 칼로리가 높기 때문에 사실 알코올 해독이나 다이어트에 있어서는 좋지 않다. 전을 곁들일 경우에는 되도록 기름기를 빼고 채소를 많이 넣는 것이 좋다.

추천 안주 : 골뱅이 김치무침(98p), 삼겹살 숙주볶음(100p)

chapter
3

혼술에 곁들이기 좋은
참 쉬운 술안주

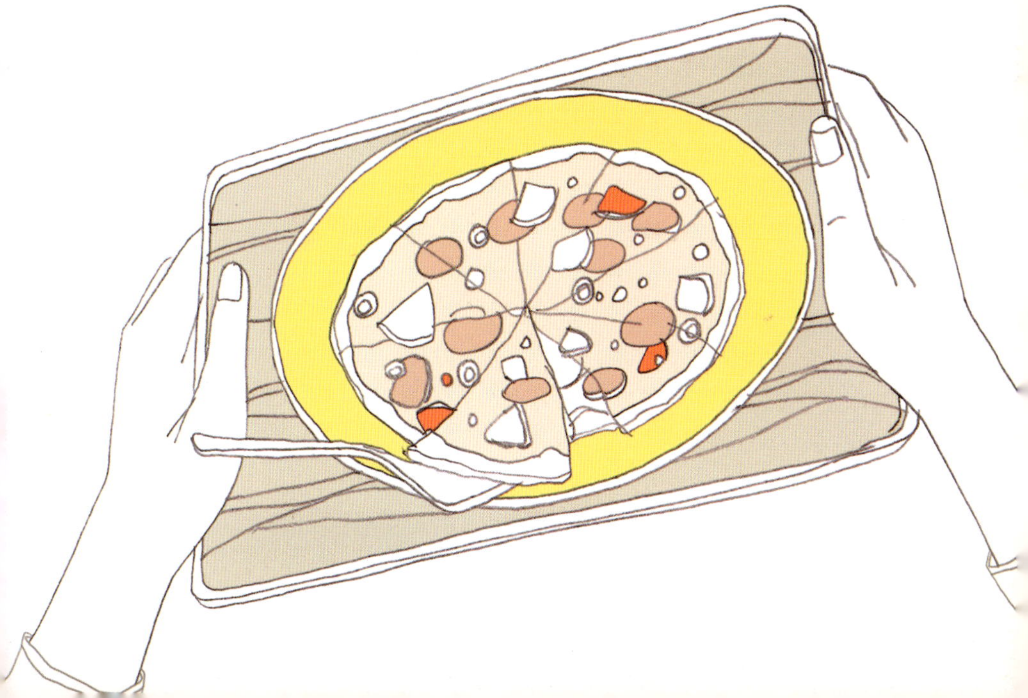

소시지 파인애플볶음

⏱ 10~15분 | 1인분 | 396kcal

- 프랑크 소시지 2개(100g)
- 파인애플 링 1개
- 시판 토마토 스파게티소스 2큰술
- 식용유 1큰술
- 후춧가루 약간

1

프랑크 소시지는 길게 어슷 썬다.

2

파인애플 링은 한입 크기로 썬다.

3

달군 팬에 식용유를 두르고
프랑크 소시지를 넣어 중간 불에서
1분 30초간 볶는다.

4

파인애플 링, 토마토 스파게티소스를 넣어
30초간 볶는다. 불을 끄고
후춧가루를 넣어 섞는다.

세 가지 콘치즈

⏰ 15~20분 | 1인분 | 411/426/330kcal

① 참치 콘치즈
- 참치 통조림 1/2캔(작은 것, 50g)
- 옥수수 통조림 10큰술(100g)
- 양파 1/4개
- 마요네즈 3큰술
- 설탕 2작은술
- 슈레드 피자치즈 3큰술

② 새우 콘치즈
- 냉동 생새우살 5마리
- 옥수수 통조림 10큰술(100g)
- 양파 1/4개
- 마요네즈 3큰술
- 설탕 2작은술
- 슈레드 피자치즈 3큰술

③ 청양고추 콘치즈
- 청양고추 1/2개
- 옥수수 통조림 10큰술(100g)
- 양파 1/4개
- 마요네즈 2큰술
- 고추장 1큰술
- 설탕 2작은술
- 슈레드 피자치즈 3큰술

① 참치 콘치즈

③ 청양고추 콘치즈

② 새우 콘치즈

1

① 참치는 체에 밭쳐 기름기를 뺀다.
② 냉동 생새우살은 찬물에 10분간 담가 해동한 후
체에 밭쳐 물기를 제거하고 4~5등분한다.
③ 청양고추는 잘게 다진다.

2

양파는 사방 0.5cm 크기로 썰고,
옥수수 통조림은 체에 밭쳐 물기를 뺀다.

3

볼에 각각의 재료를 넣어 섞는다.

4

달군 팬에 ③을 넣고 중약 불에서 4분간 볶는다.
☑ 팬에서 바로 먹을 수 있도록
작은 팬을 이용하면 좋아요.

5

재료들을 팬에 편편하게 편 후
1분간 더 익힌다.

새우 베이컨말이

⏰ 20~25분 | 1인분 | 366kcal

- 냉동 생새우살 16마리
- 베이컨 4줄(긴 것, 48g)
- 식용유 1큰술
- 후춧가루 약간

소스
- 떠먹는 플레인 요구르트 2큰술
- 설탕 1작은술
- 머스터드 1작은술

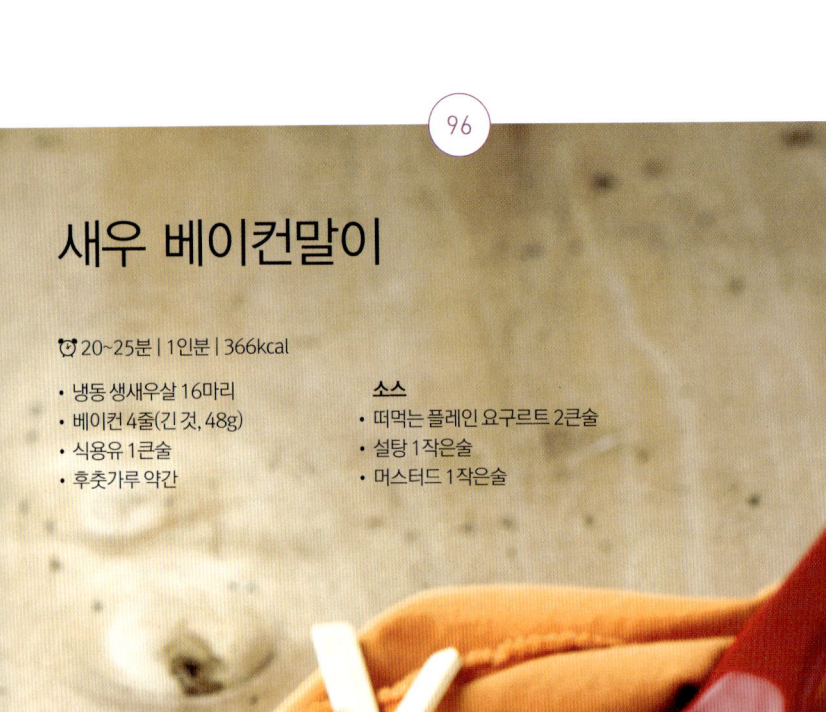

1

냉동 생새우살은 찬물에 담가
10분간 해동한 후 흐르는 물에 헹궈
체에 밭쳐 물기를 뺀다.

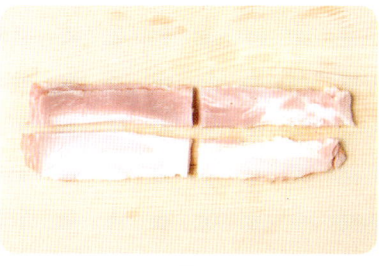

2

베이컨은 열십(+)자로 4등분한다.

3

볼에 소스 재료를 넣어 섞는다.

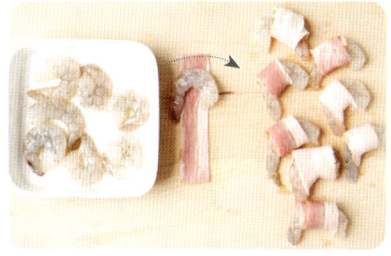

4

생새우살을 베이컨으로 감싼다.

5

달군 팬에 식용유를 두르고 베이컨의
끝 부분이 바닥에 닿도록 올린다.
후춧가루를 뿌려 중간 불에서 1분간 구운 후
뒤집어 약한 불로 줄여 2분간 더 굽는다.

6

접시에 담고 소스를 곁들인다.

⏰ 20~25분 | 1인분 | 289kcal

- 골뱅이 통조림
  1/2캔(작은 것, 117g)
- 소면 1/2줌(35g)
- 익은 배추김치 2/3컵(100g)
- 깻잎 5장
- 참기름 1/2큰술

양념
- 식초 1/2큰술
- 설탕 1작은술
- 고춧가루 2작은술
- 통깨 1작은술
- 고추장 2작은술

골뱅이 김치무침

1
냄비에 물(4컵)을 넣어 끓인다. 깻잎은 길이로
반을 썬 다음 1cm 폭으로 썬다.
배추김치는 속을 털어내고 길이로
반을 썬 다음 1cm 폭으로 썬다.

2
골뱅이는 흐르는 물에 씻은 뒤
체에 밭쳐 물기를 빼고,
큰 것은 2~3등분한다.

3
①의 끓는 물에 소면을 넣고 3분 30초간 삶는다.
체에 밭쳐 찬물에 여러 번 헹군 후 물기를 뺀다.
☑ 물이 끓어오를 때 중간중간 찬물(1/4컵씩)을
넣으면 더욱 쫄깃하게 면을 삶을 수 있어요.

4
큰 볼에 양념 재료를 넣어 섞는다.

5
④의 볼에 배추김치와 골뱅이를 넣어
버무린 후 깻잎, 참기름을 넣고
가볍게 버무린다.

6
⑤를 접시에 담은 후 삶은 소면을 곁들인다.

삼겹살 숙주볶음

⏱ 15~20분 | 1인분 | 388kcal

• 돼지고기 삼겹살(또는 쇠고기 샤부샤부용) 100g
• 숙주 2줌(100g)
• 청양고추 1개(생략 가능)
• 식용유 1작은술
• 다진 마늘 1작은술

양념

• 설탕 1/2작은술
• 양조간장 1과 1/2작은술

1
숙주는 체에 밭쳐 흐르는 물에 씻은 후
그대로 물기를 뺀다.

2
청양고추는 어슷 썬다.
작은 볼에 양념 재료를 넣어 섞는다.

3
삼겹살은 1cm 폭으로 썬다.

4
달군 팬에 식용유를 두르고 다진 마늘과
삼겹살을 넣어 중약 불에서 2분간 볶는다.
☑ 다진 마늘을 함께 볶아 고기 누린내를 잡았어요.
　고기 두께에 따라 조리시간을 가감하세요.

5
청양고추를 넣어
중약 불에서 30초간 볶는다.

6
숙주, ②의 양념을 넣고 센 불로 올려
1분간 볶는다.
☑ 숙주를 넣고 센 불에서 재빨리 볶아야 숨이 죽지
　않아 아삭한 식감을 제대로 즐길 수 있어요.

소시지 볶음우동

⏰ 15~20분 | 1인분 | 680kcal

- 시판 우동면 1팩(200g)
- 피망 1/2개(또는 파프리카, 50g)
- 비엔나 소시지 7개
  (또는 베이컨 4줄, 48g)
- 식용유 1과 1/2큰술
- 다진 마늘 1작은술

양념
- 청주 1큰술
- 설탕 2작은술
- 고춧가루 1/2작은술(기호에 따라 가감)
- 양조간장 2작은술

1

냄비에 물(3컵)을 넣어 끓인다. 피망은 씨를
제거하고 0.5cm 폭으로 채 썬다. 비엔나 소시지는
어슷하게 3등분한다. 작은 볼에 양념 재료를 넣어
섞는다.

2

①의 끓는 물에 우동면을 넣고 끓어오르면 2분간
삶은 후 체에 밭쳐 물기를 뺀다.
☑ 우동면을 삶을 때 저으면 면이 끊어지니
풀어질 때까지 젓지 말고 익히세요.

3

달군 팬에 식용유를 두르고
다진 마늘, 비엔나 소시지를 넣어
약한 불에서 4분간 볶는다.

4

우동면, 피망, 양념을 넣어
1분 30초간 볶는다.

⏱ 15~20분 | 1인분 | 431kcal

- 또띠야 1장(8인치)
- 참치 통조림 1개(작은 것, 100g)
- 양파 1/4개
- 시판 토마토 스파게티소스 5큰술
- 슈레드 피자치즈 1/2컵(50g)
- 식용유 2작은술
- 다진 마늘 1작은술
- 후춧가루 약간

참치 양파피자

1
참치 통조림은 체에 밭쳐 기름기를 뺀다.

2
양파는 0.3cm 폭으로 채 썬다.

3
달군 팬에 식용유를 두르고 다진 마늘, 양파를 넣어
중약 불에서 1분간 볶는다.

4
토마토 스파게티소스, 참치를 넣어 1분간 볶는다.
불을 끄고 후춧가루를 넣어 섞은 후
접시에 덜어둔다.

5
팬을 닦고 달구지 않은 채 또띠야를 올린다.
④를 펼쳐 올리고 슈레드 피자치즈를 뿌린다.

6
뚜껑을 덮어 중약 불에서
슈레드 피자치즈가 녹을 때까지
6~7분간 익힌다.

감자피자

⏰ 25~30분 | 1인분 | 278kcal

- 감자(또는 고구마) 1/2개
- 피망 1/4개(또는 양파 1/8개, 25g)
- 양송이버섯 2개(또는 다른 버섯, 40g)
- 베이컨 1줄(긴 것, 12g)
- 슈레드 피자치즈 1/2컵(50g)
- 시판 토마토 스파게티소스 2큰술
- 식용유 2작은술
- 후춧가루 약간

1

감자는 모양대로 얇게 썬다.
양송이버섯은 밑동을 제거하고 모양대로
0.5cm 두께로 썬다. 피망은 0.5cm 두께로 썬다.
베이컨은 1cm 폭으로 썬다.

2

팬에 식용유 1작은술을 두르고 베이컨을 넣어
중간 불에서 1분간 볶은 후 양송이버섯과
후춧가루를 넣어 1분간 더 볶는다.

3

토마토 스파게티소스를 넣고 약한 불로 줄여
1분간 더 볶은 후 접시에 덜어 둔다.

4

③의 팬을 닦아 달구지 않은 채
식용유 1작은술을 두르고 키친타월로 펴 바른 후
감자를 펼쳐 올린다.

5

슈레드 피자치즈 2큰술을 뿌린 후 뚜껑을 덮고
아주 약한 불에서 10분간 익힌다.
☑ 피자치즈가 감자 밖으로 나가면 탈 수 있으니
감자 안쪽에 올리세요.

6

③을 펼쳐 올린 후 피망, 남은 슈레드 피자치즈를
얹어 다시 뚜껑을 덮고 5분간 더 익힌다.
☑ 중간중간 팬을 흔들어
감자가 눌어붙지 않게 하세요.

갈릭 스테이크피자

🕐 25~30분 | 1인분 | 847kcal

- 또띠야 2장(8인치)
- 쇠고기 등심 100g
- 파프리카 1/5개(또는 피망, 40g)
- 양파 1/8개
- 마늘 4쪽
- 슈레드 피자치즈 1컵(100g)
- 식용유 3큰술

양념
- 토마토케첩 1과 1/2큰술
- 설탕 1작은술
- 양조간장 1작은술

1

마늘은 얇게 편으로 썰고, 양파와 파프리카는 3cm
길이로 썬 후 0.5cm 폭으로 채 썬다.

☑ 마늘을 흐르는 물에 헹군 후 키친타월에 올려
물기를 빼면 더욱 바삭하게 튀길 수 있어요.

2

쇠고기 등심은 1.5×4cm 크기로 썬다.
작은 볼에 양념 재료를 넣어 섞는다.

3

달군 팬에 식용유를 두르고 마늘을 넣는다.
팬을 기울여 젓가락으로 저어가며 약한 불에서
5분~5분 30초간 노릇하게 튀긴 후
키친타월에 올려 기름기를 뺀다.

4

③의 팬에 쇠고기, 양파, 파프리카를 넣어
중간 불에서 1분간 볶고
②의 양념을 넣어 2분간 볶는다.

5

달구지 않은 팬에 또띠야를 올리고 슈레드 피자치즈
1/4컵을 뿌린 후 또띠야 1장을 겹쳐 올린다.
④, 슈레드 피자치즈 3/4컵을 올린다.
약한 불에서 뚜껑을 덮고 10분간 굽는다.

6

접시에 피자를 담고 튀긴 마늘을 올린다.

불닭봉조림

⏱ 20~25분 | 1인분 | 589kcal

- 닭봉 6~7개
  (또는 닭날개, 200g)
- 청양고추(또는 풋고추) 2개

양념
- 고춧가루 2큰술
- 설탕 1과 1/2큰술
- 다진 마늘 2큰술

- 청주 2큰술
- 양조간장 1과 1/3큰술
- 물 1/4컵(50㎖)

1

냄비에 물(3컵)을 끓이다. 청양고추는 잘게 다진다.
☑ 매운맛이 부담스럽다면 청양고추를 줄이거나
풋고추를 사용해도 되요.

2

볼에 다진 청양고추와 양념 재료를
넣어 섞는다.

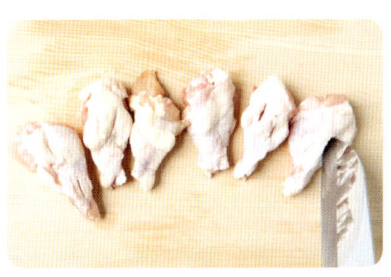

3

닭봉에 칼 끝으로 깊게 칼집을 낸다.
☑ 닭봉에 칼집을 넣으면 양념이
더 잘 배어요.

4

①의 끓는 물에 닭봉을 넣어
2분 30초간 삶은 후 체에 밭쳐 물기를 뺀다.

5

냄비에 양념과 닭봉을 넣은 후 센 불에서
끓어오르면 중간 불로 줄여 4분,
중약 불로 줄여 4분간 저어가며 졸인다.

방울토마토 찹스테이크

⏱ 20~25분 | 1인분 | 285kcal

- 쇠고기 등심 100g
- 방울토마토 5개
- 피망 1/2개(또는 파프리카, 50g)
- 양파 1/4개
- 식용유 1작은술

밑간
- 소금 1/4작은술
- 다진 마늘 1작은술
- 식용유 1작은술
- 후춧가루 약간

양념
- 시판 토마토 스파게티소스 3큰술
- 고추장 1작은술

1
쇠고기는 3×3cm 크기로 썬다.

2
쇠고기는 밑간 재료에 버무려 10분간 재운다.
☑ 밑간에 식용유를 넣으면 고기의 표면이 말라
건조해지는 것을 막아줘요.

3
방울토마토는 4등분하고,
피망과 양파는 3×3cm 크기로 썬다.

4
작은 볼에 양념 재료를 넣어 섞는다.

5
달군 팬에 식용유를 두르고
양파를 넣어 중간 불에서 30초,
쇠고기를 넣어 1분 30초간 볶는다.

6
방울토마토, 피망, 양념을 넣고
1분 30초간 볶는다.

발사믹 양파조림을 올린 스테이크

⏰ 20~25분 | 1인분 | 502kcal

- 쇠고기 스테이크용 200g
- 양파 1/2개(100g)
- 식용유 1작은술
- 소금 1/3작은술
- 후춧가루 약간

양념
- 발사믹 식초 3큰술
- 설탕 1작은술
- 양조간장 1작은술

1
쇠고기에 소금, 후춧가루를 뿌려
5분간 재운다.

2
양파는 0.3cm 폭으로 채 썬다.
작은 볼에 양념 재료를 넣어 섞는다.

3
팬을 센 불로 50초간 달군 후 식용유를 두르고
쇠고기를 올려 1분간 굽는다.
쇠고기를 뒤집고 약한 불로 줄인다.

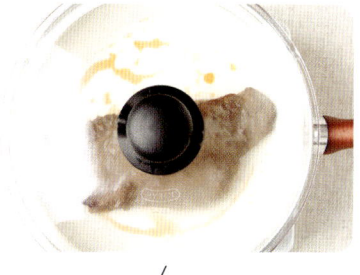

4
뚜껑을 덮어 4분간 구운 다음 쇠고기를 다시
뒤집는다. 뚜껑을 덮어 3분간 더 굽는다.
☑ 고기의 두께와 기호에 따라 익히는 시간을
가감해요.

5
④의 팬에 양파를 넣어
중약 불에서 2분 30초간 볶는다.
☑ 쇠고기 육즙에 양파를 볶으면
풍미가 더 좋아져요.

6
양념을 넣어 1분간 더 볶아
스테이크에 곁들인다.

얼큰 어묵탕

⏱ 20~25분 | 1인분 | 167kcal

- 모둠 어묵 90g
- 양배추 3장(손바닥 크기, 90g)
- 대파 15cm
- 청양고추 1/2개(생략 가능)
- 다진 마늘 1작은술
- 국간장 2작은술
- 소금 약간

국물
- 국물용 멸치 20마리
- 다시마 5×5cm 2장
- 물 3과 1/2컵(700㎖)

1

냄비에 국물 재료를 넣고 센 불에서 끓어오르면
약한 불로 줄여 5분간 끓인다. 다시마를 건지고
10분 더 끓여 멸치를 건진다. ☑ 완성 양은
2와 1/2컵(500㎖)이며 부족하면 물을 더하세요.

2

건져낸 다시마는 4등분한다.

3

양배추는 2×2cm 크기로 썰고,
대파와 청양고추는 어슷 썬다.

4

어묵은 한입 크기로 썬다.

5

①의 국물에 어묵, 양배추, 다시마,
다진 마늘, 국간장을 넣고
센 불에서 끓인다.

6

끓어오르면 중약 불로 줄여 4분간 끓인 후
대파와 청양고추를 넣어 1분간 더 끓인다.
부족한 간은 소금으로 더한다.

나가사키 짬뽕탕

⏱ 25~30분 | 1인분 | 422kcal

- 오징어 1마리(240g)
- 냉동 생새우살 5마리(생략 가능)
- 숙주 2줌(100g)
- 양파 1/4개
- 청양고추 1/2개(생략 가능)

- 시판 사골 육수 1과 3/4컵(350㎖)
- 식용유 1큰술
- 다진 마늘 1작은술
- 소금 1작은술(기호에 따라 가감)
- 후춧가루 약간

1

냉동 생새우살은 찬물에 담가
10분간 해동한 후 흐르는 물에 헹궈
체에 밭쳐 물기를 뺀다.

2

숙주는 체에 밭쳐 흐르는 물에 씻은 후
물기를 뺀다. 양파는 0.5cm 폭으로
채 썰고, 청양고추는 어슷 썬다.

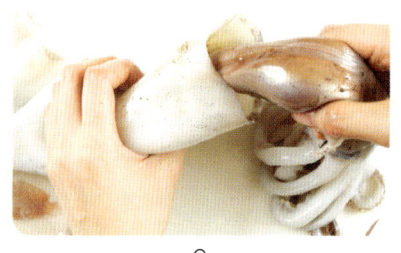

3

오징어는 몸통에 손을 넣어 내장을 당겨 제거한다.
몸통을 살짝 뒤집어 뼈를 잡아당겨 빼낸다. 흐르는
물에서 손가락으로 다리를 훑어가며 빨판을
제거하고 껍질을 벗긴다.

4

몸통은 1cm 두께로 썰고,
다리는 4~5cm 길이로 썬다.
☑ 오징어 몸통은 배를 갈라 1 × 5cm 크기로
썰어도 좋아요.

5

달군 냄비에 식용유를 두르고 양파, 청양고추,
다진 마늘을 넣어 약한 불에서 2분간 볶는다.
생새우살, 오징어, 소금, 후춧가루를 넣고
센 불로 올려 1분간 더 볶는다.

6

사골 육수를 넣고 끓어오르면
중간 불로 줄여 2분 30초간 끓인 후
숙주를 넣어 1분 더 끓인다.

15분 안에
완성하는
초간단 술안주

Plus Recipe ①

한 가지 재료로 손쉽게 만들 수 있는
아주 간단한 기본 술안주를 소개합니다!

라이스페이퍼 튀김

⏱ 10~15분 | 2인분 | 111kcal l/1인분

- 라이스페이퍼 7장
- 식용유 1컵(200㎖)

　치즈 소스
- 우유 1/2컵(100㎖)
- 슬라이스 치즈 2장
- 파마산 치즈가루 1큰술

❶ 라이스페이퍼는 가위로 4등분한다.

❷ 달군 팬에 식용유를 넣고 중간 불에서 3분간
　그대로 둔다. 라이스페이퍼를 1개씩 넣어
　중간 불에서 10~20초간 부풀어 오를 때까지
　튀긴 후 키친타월에 올려 기름기를 뺀다.

❸ 냄비에 치즈 소스 재료를 넣고 중간 불에서
　저어가며 1분 30초간 끓인다.

파인애플구이

⏰ 5~10분 | 2~3인분 | 69kcal/1인분

- 파인애플 링(또는 바나나) 2개
- 파마산 치즈가루 약간
- 시나몬가루 약간(생략 가능)

❶ 파인애플 링은 2등분한다.

❷ 달군 팬에 파인애플 링을 넣고 센 불에서 앞뒤로 각각 1분~1분 30초씩 노릇하게 굽는다.

❸ 그릇에 담고 파마산 치즈가루나 시나몬가루를 뿌린다.

간장드레싱 양배추샐러드

⏰ 5~10분 | 2~3인분 | 48kcal/1인분

- 양배추 5장(손바닥 크기, 150g)

  드레싱
- 양파 1/5개
- 통깨 1큰술
- 설탕 1큰술
- 식초 1큰술
- 양조간장 1큰술
- 후춧가루 약간

❶ 푸드 프로세서에 드레싱 재료를 넣고 곱게 간다.

❷ 양배추는 가늘게 채 썬다.

❸ 볼에 드레싱, 양배추를 넣고 버무린다.

가래떡 치즈구이

⏱ 5~10분 | 2인분 | 246kcal/1인분

- 가래떡 10cm 2개(140g)
- 슬라이스 치즈 1장
- 식용유 1/3작은술

양념
- 올리고당(또는 꿀) 2큰술
- 다진 마늘 1작은술
- 양조간장 2작은술

❶ 달군 팬에 식용유를 두르고 키친타월로 펴
바른다. 가래떡을 넣어 중약 불에서 5분간
굴려가며 굽는다. ★ 냉동 가래떡일 경우 끓는
물에 넣고 센 불에서 2분간 데친 후 체에 밭쳐
물기를 뺀 다음 구워요.

❷ 불을 끄고 한 김 식힌 후 양념 재료를 넣어
약한 불에서 떡을 굴려가며 30초간 익힌다.

❸ 그릇에 담고 슬라이스 치즈를 바로 올린다.

스파게티스틱

⏱ 10~15분 | 2인분 | 139kcal/1인분

- 스파게티 1/2줌(40g)
- 식용유 2큰술
- 파마산 치즈가루 1큰술
- 파슬리가루 1/2작은술(생략 가능)

❶ 스파게티는 손으로 잘라 2등분한다.
★ 두 손을 최대한 가까이 잡고 자르면
옆으로 튀지 않아요.

❷ 달군 팬에 식용유를 두르고 30초간 그대로
둔다. 스파게티를 넣고 중간 불에서
1분 30초~2분간 저어가며 노릇하게 튀기듯이
굽는다.

❸ 그릇에 키친타월을 깔고 스파게티를 올린 후
파마산 치즈가루, 파슬리가루를 바로 뿌린다.
★ 스파게티가 따뜻할 때 뿌려야
양념 가루가 잘 붙어요.

삶은 완두콩

⏱ 10~15분 | 2~3인분 | 85kcal/1인분

- 껍질 완두콩 약 20개(150g)
- 소금 1작은술

❶ 완두콩 삶을 물(3컵) + 소금(2큰술) +
  설탕(1/2큰술)을 끓인다.
❷ 완두콩 껍질 한쪽 끝을 제거하고 ①의 끓는 물에
  넣어 중간 불에서 4~5분간 삶는다.
  ★ 껍질의 한쪽 끝을 제거하면 콩 사이사이에
  간이 골고루 배어요.
❸ 체에 밭쳐 뜨거울 때 소금을 뿌린 후 식힌다.
  ★ 완두콩의 남은 열 덕분에 소금이 녹아
  간이 잘 배어요.

번데기탕

⏱ 10~15분 | 2인분 | 194kcal/1인분

- 통조림 번데기 1캔(국물 포함 280g)
- 물 1컵(200㎖)
- 양파 1/4개
- 청양고추 2개
- 대파 15cm
- 고춧가루 1큰술
- 다진 마늘 1/2큰술
- 후춧가루 약간

❶ 양파는 0.5cm 두께로 썰고, 청양고추와
  대파는 송송 썬다.
❷ 냄비에 번데기 국물을 포함한 모든 재료를 넣고
  센 불에서 끓어오르면 중간 불로 줄여 3분간
  끓인다. 중간 불에서 4~5분간 삶는다.

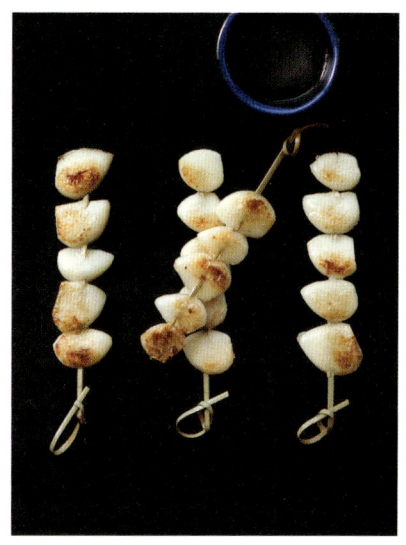

고구마스틱

⏰ 10~15분 | 2인분 | 154kcal/1인분

- 고구마(또는 감자) 1개
- 식용유 1컵(200㎖)

❶ 고구마는 0.3cm 두께로 채 썬 후
   찬물에 담가 2~3회 헹군다.
   키친타월로 감싸 물기를 완전히 없앤다.
   ★ 물기를 완전히 없애야 튀길 때
   기름이 튀지 않아요.

❷ 달군 팬에 식용유를 넣고 중간 불에서
   2분간 그대로 둔다. 고구마를 넣고
   5~6분간 저어가며 노릇하게 튀긴다.

❸ 체에 밭쳐 기름기를 뺀다.

통마늘꼬치

⏰ 10~15분 | 6개분 | 23kcal/개

- 마늘 15쪽
- 식용유 1/2큰술
- 소금 약간
- 설탕 약간

❶ 마늘은 2등분한 후 꼬치에 꽂는다.

❷ 달군 팬에 식용유를 두르고 ①을 올려
   약한 불에서 앞뒤로 각각 2~3분씩 노릇하게
   굽는다. 불을 끄고 소금, 설탕을 뿌린다.

술 마신 다음날을 위한 **해장국**

참치 김칫국

⏰ 25~35분 | 1인분 | 144kcal

익은 배추김치 2/3컵(100g), 참치 통조림 1캔
(작은 것, 100g), 대파 15cm, 양조간장 1/2작은술
(김치 염도에 따라 가감)

국물 국물용 멸치 20마리, 다시마 5×5cm 2장,
물 3컵(600㎖)

❶ 냄비에 국물 재료를 넣고 센 불에서 끓어오르면
   약한 불로 줄여 5분간 끓인다. 다시마를 건지고
   10분간 더 끓인 후 멸치를 건진다.
   ★ 완성 양은 2컵(400㎖)이며 부족하면
   물을 더하세요.

❷ 참치는 체에 밭쳐 기름기를 뺀다.

❸ 대파는 어슷 썬다. 배추김치는 속을 털어내고
   1cm 폭으로 썬다.

❹ ①의 냄비에 배추김치를 넣어 센 불에서
   끓어오르면 중간 불로 줄여 5분간 끓인다.

❺ 참치, 대파를 넣어 1분 30초간 끓인 후
   국간장을 넣고 30초간 더 끓인다.

새우 콩나물국

⏰ 30~40분 | 1인분 | 106kcal

냉동 생새우살 7마리, 콩나물 2줌(100g),
대파 15cm, 다진 마늘 1작은술, 소금 1/2작은술

국물 국물용 멸치 20마리, 다시마 5×5cm 2장,
물 3컵(600㎖)

❶ 냄비에 국물 재료를 넣고 센 불에서 끓어오르면
   약한 불로 줄여 5분간 끓인다. 다시마를 건지고
   10분간 더 끓인 후 멸치를 건진다
   ★ 완성 양은 2컵(400㎖)이며 부족하면
   물을 더하세요.

❷ 냉동 생새우살은 찬물에 담가 10분간 해동한 후
   흐르는 물에 헹궈 체에 밭쳐 물기를 뺀다.

❸ 대파는 어슷 썬다. 콩나물은 흐르는 물에 씻어
   체에 밭쳐 물기를 뺀다.

❹ ①의 냄비에 다진 마늘, 콩나물을 넣어 센 불에서
   끓어오르면 중약 불로 줄여 4분간 끓인다.

❺ 생새우살, 대파를 넣어 2분간 끓인다.
   소금을 넣고 30초간 더 끓인다.

쓰린 속을 편안하게 풀어주는 속풀이 국물 요리!
술 마신 다음날 나를 위한 따뜻한 국물을 끓여보세요.

감자 달걀국

⏰ 25~35분 | 1인분 | 160kcal

감자 1/2개, 달걀 1개, 대파 15cm, 다진 마늘 1작은술,
소금 1/2작은술
국물 국물용 멸치 20마리, 다시마 5×5cm 2장,
물 3컵(600㎖)

❶ 냄비에 국물 재료를 넣고 센 불에서 끓어오르면
　약한 불로 줄여 5분간 끓인다. 다시마를 건지고
　10분간 더 끓인 후 멸치를 건진다.
　★ 완성 양은 2컵(400㎖)이며 부족하면
　물을 더하세요.

❷ 감자는 길게 반 썰어 0.5cm 두께로 썬다.

❸ 대파는 어슷 썰고, 볼에 달걀을 골고루 푼다.

❹ ①의 냄비에 다진 마늘, 감자를 넣고 센 불에서
　끓어오르면 중약 불로 줄여 5분간 끓인다.

❺ 대파, 달걀물을 부어 1분간 더 끓인 후
　소금을 넣고 30초간 더 끓인다.
　★ 달걀물을 붓고 바로 저으면 국물이 탁해질 수
　있으니 30초 후에 2~3번 저으세요.

새송이 두부국

⏰ 25~35분 | 1인분 | 190kcal

새송이버섯 1개, 두부 1/2모(작은 팩, 100g),
대파 15cm, 참기름 2작은술, 다진 마늘 1작은술,
양조간장 1/2작은술, 소금 약간
국물 국물용 멸치 20마리, 다시마 5×5cm 2장,
물 2와 1/4컵(450㎖)

❶ 새송이버섯은 길게 반 썬 후
　0.7cm 두께로 썬다.

❷ 두부는 반을 썬 후 0.7cm 두께로 썰고,
　대파는 어슷 썬다.

❸ 달군 냄비에 참기름을 두르고 새송이버섯과
　다진 마늘을 넣어 약한 불에서 1분 30초간 볶는다.

❹ 국물 재료를 넣고 센 불로 올려 끓어오르면
　약한 불로 줄인 후 뚜껑을 덮고 5분간 끓인다.

❺ 두부, 대파, 국간장을 넣고 다시 뚜껑을 덮어
　2분간 더 끓인 후 멸치와 다시마를 건진다.
　부족한 간은 소금으로 더한다.
　★ 건진 다시마는 한입 크기로 썰어 국에 넣어
　먹어도 좋아요.

Index

가나다순

library

취향이 남다른 당신만을 위한, 군더더기 없이
나의 필요에 딱 맞는, 쉽고 정확한 레시피로 언제나 믿을 수 있는,
그동안 어디에서도 찾을 수 없었던 요리책!

레시피팩토리 라이브러리에서 모두 찾을 수 있는 그 날까지
열정 가득한 마음으로 만들겠습니다.

가끔이지만 꼭 필요한
요리책_죽

죽의 기본 공식과 이론 &
상황별 죽 레시피 수록

무궁무진한 김밥의 맛

기본 김밥 만들기 완전 정복 &
아이 소풍용, 남편 도시락용,
냉장고 털이용, 별미 김밥 레시피

치맥이 더 맛있어지는 치킨

치킨집보다
더 맛있는 치킨과 소문난
치킨 맛집 레시피 수록

더 가벼운 샌드위치

높은 열량, 짜디짠 스프레드는
부담스럽다! 저열량의 맛있는
샌드위치 레시피 수록

어려운 김치는 가라

믿고 따라할 수 있는
김치 레시피가 필요할 때!
꼭 필요한 김치 레시피 수록

집에서 꼼꼼 준비
밖에서 후딱 요리
캠핑 & 펜션요리

가족 캠핑 요리 10개 세트 수록

혼밥
혼술을 위한 아주 간단한 레시피

1판 1쇄 펴낸 날 2016년 12월 16일
1판 2쇄 펴낸 날 2018년 7월 26일

편집장	이소민
책임편집	김민아
레시피 개발·검증	레시피팩토리 테스트 키친팀
아트디렉터	원유경
디자인	조운희
사진	이보영(Studio ROC)
스타일링	박명원(SPINACH 701)·김형님
일러스트	조선진
마케팅	송지윤·이솔지
영업·관리	염금미·윤혜영

펴낸이	조준일
편집주간	박성주
펴낸곳	(주)레시피팩토리

주소	서울특별시 송파구 올림픽로 35가길 10 (잠실더샵스타파크) B동 408호, 409호
독자센터	1544-7051
팩스	02-534-7019
홈페이지	www.recipe-factory.co.kr
독자카페	cafe.naver.com/superecipe
출판신고	2009년 1월 28일 제25100-2009-000038호

제작·인쇄	(주)대한프린테크

값 9,800원

ISBN 979-11-85473-25-3
 979-11-85473-15-4(세트)